O Paradoxo da Moral

Vladimir Jankélévitch (1903-1985), filósofo francês, nascido em Bourges. Estudou na École Normale Supérieur, foi professor da Sorbonne (cátedra de filosofia moral) de 1951 a 1979. Foi expulso do corpo docente da universidade de Toulouse por ser judeu, participou ativamente da resistência antinazista. Também foi estudioso da música, essencialmente russa e francesa, que é inseparável do seu pensamento. Além deste livro, escreveu, entre outros: *La mauvaise conscience, Traité des vertus, Debussy et le mystère de l'instant, Curso de filosofia moral* (WMF Martins Fontes).

Vladimir Jankélévitch
O Paradoxo da Moral

Tradução
EDUARDO BRANDÃO

wmf **martinsfontes**

SÃO PAULO 2008

Esta obra foi publicada originalmente em francês com o título
LE PARADOXE DE LA MORALE
por Éditions du Seuil, Paris.
Copyright © Éditions du Seuil, 1981.
Copyright © 2008, Livraria Martins Fontes Editora Ltda.,
São Paulo, para a presente edição.

1ª edição 2008

Tradução
EDUARDO BRANDÃO

Acompanhamento editorial
Luciana Veit
Preparação do original
Maria Fernanda Alvares
Revisões gráficas
Sandra Garcia Cortes
Célia Regina Camargo
Produção gráfica
Geraldo Alves
Paginação/Fotolitos
Studio 3 Desenvolvimento Editorial

Dados Internacionais de Catalogação na Publicação (CIP)
(Câmara Brasileira do Livro, SP, Brasil)

Jankélévitch, Vladimir, 1903-1985.
 O paradoxo da moral / Vladimir Jankélévitch ; tradução Eduardo Brandão. – São Paulo : WMF Martins Fontes, 2008.
– (Tópicos)

 Título original: Le paradoxe de la morale
 ISBN 978-85-7827-027-8

 1. Ética I. Título. II. Série.

08-02326   CDD-170

Índices para catálogo sistemático:
1. Moral : Filosofia   170

Todos os direitos desta edição reservados à
Livraria Martins Fontes Editora Ltda.
Rua Conselheiro Ramalho, 330 01325-000 São Paulo SP Brasil
Tel. (11) 3241.3677 Fax (11) 3101.1042
e-mail: info@martinsfontes.com.br http://www.wmfmartinsfontes.com.br

ÍNDICE

I. A evidência moral é ao mesmo tempo englobante e englobada 1
   1. Uma problemática onipresente e preveniente   1
   2. O pensamento se antecipa à avaliação moral. E vice-versa! 3
   3. Uma "vida moral". Contínua ou descontínua? O foro interior. Círculo da temporalidade ... 6
   4. Da negação à recusa. Recusa do prazer, recusa da recusa.. 15
   5. A proibição. Proibição da proibição.............. 25

II. A evidência moral é ao mesmo tempo equívoca e unívoca 37
   1. Ambigüidade do maximalismo, excelência da intermediaridade.. 37
   2. Viver para o outro, qualquer que seja esse outro. Para além de qualquer *quatenus*, de qualquer prosopolepsia 43
   3. Viver para o outro, a ponto de morrer. Amor, dom e dever. Para além de qualquer *hactenus*   56

4. Tudo ou nada (opção), de todo em todo (conversão), tudo por tudo (sacrifício). Com a alma inteira 60
5. Os três expoentes da consciência. Debate ou coincidência entre o interesse e o dever: o insubstituível cirurgião; deveres para com os entes queridos 77
6. A boa média 83
7. Neutralização mútua.. 87
8. Até o quase-nada. O ser-mínimo................. 94
9. O batimento oscilatório................................. 99
10. Fazer caber o máximo possível de amor no mínimo possível de ser 106

III. O mal menor e o trágico da contradição 113
  1. O impulso e o trampolim. Repique. O efeito de relevo. Positividade da negação........... 113
  2. Um depois do outro. Mediação. A dor........ 120
  3. Um com o outro: ambivalência. De duas intenções, uma... 131
  4. Um no outro: paradoxologia do órgão-obstáculo. O olho e a visão segundo Bergson. O *se-bem-que* é a mola do *porque* 136
  5. Esse batimento de um coração indeciso. Uma mediação aprisionada numa estrutura......... 140
  6. A picada da farpa, a queimadura da cinza, a mordida do remorso. O escrúpulo 143
  7. O antiamor (mínimo ôntico), órgão-obstáculo do amor. Para amar é preciso ser (e seria preciso não ser!), para se sacrificar é preciso viver, para dar é preciso ter.................. 147
  8. O obstáculo e o fato do obstáculo (origem radical). Por que em geral seria necessário que... 157

9. Ser sem amar, amar sem ser. Interação entre o egoísmo mínimo e o altruísmo máximo. Contragolpe aferente do impulso eferente.. 159
10. O ser preexiste ao amor. O amor precede o ser. Causalidade circular 165
11. Um dom total: como sair dos eixos do ser-próprio? Abnegação.. 168
12. O aparecimento desaparecente entre o ego e a viva chama do amor... O limiar da coragem.. 171
13. A unção. O sentimento mínimo da abnegação (aferência da eferência). O prazer de dar prazer.. 175
14. O horizonte do quase. Do quase-nada ao não-ser. Resultante instável da ambição e da abnegação 184

IV. Os complôs da consciência. Como preservar a inocência 191
1. Pletora e esporadismo dos valores. O absoluto plural: caso de consciência 191
2. Todo o mundo tem direitos, portanto eu também. A reivindicação 198
3. Todo o mundo tem direitos, menos eu. Só tenho deveres. Para ti todos os direitos, para mim todos os ônus.. 205
4. Reificação e objetividade dos direitos, imparidade e irreversibilidade do dever 207
5. A primeira pessoa se torna última, a segunda se torna primeira. Sou o defensor dos teus direitos, não sou o fiscal dos teus deveres 211

6. Abrir os olhos. A perda da inocência é o preço que o caniço pensante tem de pagar por sua dignidade.. 221
7. Teus deveres não são o fundamento dos meus direitos... 224
8. O preciso movimento da intenção 231

CAPÍTULO I
A EVIDÊNCIA MORAL É AO MESMO TEMPO ENGLOBANTE E ENGLOBADA

Garantem-nos em toda parte que a filosofia moral é atualmente tida em grande apreço. Como uma moral apreciada pela opinião pública é *a priori* sujeita a caução, devemos acolher com certa desconfiança essas afirmações reconfortantes. Podemos, primeiramente, duvidar que os cruzados dessa nova cruzada saibam realmente de que falam. No cerne da filosofia, já tão controversa por si própria, tão ocupada em se definir e se assegurar da sua própria existência, a filosofia moral aparece como o cúmulo da ambigüidade e do inapreensível; ela é o inapreensível do inapreensível. De fato, a filosofia moral é o primeiro problema da filosofia: logo seria necessário esclarecer seu problema e se interrogar sobre a sua razão de ser, antes de defender a sua causa.

1. Uma problemática onipresente e preveniente

De fato, é mais fácil dizer o que a filosofia moral não é e com que produtos substitutivos somos tentados a confundi-la. Logo, é por essa "filosofia negativa" ou apofática que devemos começar. A filosofia moral não é, evidentemente, a ciência dos costumes, se é verdade que a ciência dos costumes se contenta em descrever os costumes, no modo indicativo e como um estado de fato, e (em princípio) sem tomar partido, nem formular preferências, nem propor juízos de valor: ela expõe sem propor, a não ser indiretamente, de contrabando e por subentendidos; ritos, tradições religiosas, costumes jurídicos ou usos sociológicos – tudo pode servir de documentação preparatória, tendo em vista o discurso moral propriamente dito. Mas como passar do indicativo ao normativo e, *a fortiori*, ao imperativo? Na imensa coleção de absurdos, de preconceitos bárbaros ou grotescos cujo filme pitoresco a história e a etnologia nos exibem, como escolher? Diante desse oceano de possibilidades hipotéticas e, no fim das contas, indiferentes, em que todas as aberrações da tirania parecem justificáveis, encontraremos um só princípio de escolha que seja? uma só razão para agir? E por que um *em vez de* outro? um conceito *em vez de* outro conceito? O princípio da preferibilidade, na sua forma elementar, seria capaz de explicar o tropismo da ação e de imantar a vontade: mas ele não tem como ser empregado num mundo baseado no capricho, no arbítrio e na isostenia dos motivos.

Ora, eis que nosso embaraço, a ponto de virar desespero diante da incoerência das prescrições e da estupidez das proibições, nos deixa entrever uma luz; e, quanto mais tateamos, mais a entrevisão se define, no e pelo próprio equívoco. A *problemática* moral tem, em relação aos outros *problemas*, o papel de um *a priori*, quer entendamos esse *a priori* como *prioridade cronológica* ou como *pressuposição lógica*. Em outras palavras, a problemática moral é ao mesmo tempo *preveniente* e *englobante*; espontaneamente, ela se antecipa à reflexão crítica que finge contestá-la; mas não como o preconceito precede, de fato, a conceituação; nem, tampouco, a pretexto de que a tomada de posição moral, em suas intervenções expressas, superaria em rapidez e em agilidade a reflexão crítica: paradoxalmente, cada uma das duas é mais rápida do que a outra! Crescentemente mais rápida, isto é, infinitamente... Por outro lado – o que dá na mesma –, a moralidade é coessencial à consciência, a consciência está inteiramente imersa na moralidade; resulta *a posteriori* que o *a priori* moral nunca havia desaparecido, que já estava presente, que sempre esteve presente, aparentemente adormecido, mas a todo instante a ponto de despertar; a moral, falando a língua da normatividade, quando não do *parti pris*, *precede* a especulação crítica que a contesta, porque *preexistia* tacitamente a ela. E não apenas a envolve com sua luz difusa, como também, numa outra dimensão, e para usar outras metáforas, impregna o conjunto do problema especulativo; ela é a quintessência e o foro íntimo desse problema.

2. O pensamento se antecipa à avaliação moral. E vice-versa!

O pensamento, segundo Descartes, também – e principalmente – está sempre presente, implícito ou explícito, imanente e continuamente pensante, mesmo que não tenhamos expressamente consciência disso; mas ele se descobre presente em ato a si mesmo, num voltar-se reflexivo para si próprio, em decorrência de uma interrogação ou por ocasião de uma crise. O pensamento pensa a axiologia, o pensamento pensa os juízos de valor, como pensa todas as coisas: acaso a axiologia não associa à avaliação (ἀξιοῦν) um logos, isto é, certa forma de racionalidade? O "juízo de valor" acaso não avalia na forma de juízo? Na ambigüidade do "julgar", a operação lógica e a avaliação axiológica marcam uma a outra. Sem dúvida essa "lógica" é uma lógica sem rigor e de má qualidade: ela tem, parece, algo de parcial, de aproximativo e até de um pouco degenerado. No entanto, ainda é a razão que determina aqui o estatuto especulativo da avaliação... Recordemos que Espinosa quis demonstrar a ética à maneira dos geômetras! Ora, a recíproca não é menos verdadeira: a moral, por sua vez, que se exprime no modo normativo e até no imperativo, faz a razão especulativa comparecer diante do seu tribunal, como se a razão e a lógica pudessem depender de tal jurisdição, como se elas tivessem contas a lhe prestar. Melhor ainda: a moral se interroga sobre o valor moral da ciência! Não é o cúmulo? o cúmulo da impertinência e do ridículo? Insistamos mais uma vez: quando a moral cobra explicações da razão, não o faz em virtude de um privilégio exorbitante e régio que ela se arrogaria arbitrariamente... Quem sabe? Talvez ela tenha o direito. Pascal, considerando o irracional da morte e o nada a que somos fadados, se indagava se filosofar vale a pena. Claro que sim, a filosofia vale a pena, contanto que não se eluda o problema radical da sua razão de ser, que é sempre moral, em todo e qualquer grau. A questão pode ser mais bem colocada desta forma: a verdade é tão boa quanto é verdadeira? Por ser o homem um ser fraco e passional, sempre haverá uma deontologia da veracidade e uma relação misteriosa entre a verdade e o amor. Essa deontologia e esse mistério não são o paradoxo menos perturbador da problemática moral. Tudo o que é humano levanta portanto, mais cedo ou mais tarde, sob um aspecto ou outro, de uma forma ou outra, um problema moral. Porque a moral é, em toda parte, competente, inclusive – e sobretudo – nos assuntos que não lhe dizem respeito; e, quando ela não diz a primeira palavra, dirá a última. A tomada de posição moral não tolera nenhuma abstenção, nenhuma neutralidade; pelo menos, no limite e teoricamente.

O homem é um ser virtualmente ético, que existe *como tal*, isto é, como ser moral, de tempos em tempos e de longe em longe – de muito longe em muito longe! Porque as intermitências são, aqui, anormalmente freqüentes, os eclipses de consciência desmedidamente prolongados: durante essas longas pausas, a consciência, aparentemente vazia de qualquer escrúpulo, parece atingida por uma anestesia moral e por uma adiaforia moral, isto é, parece incapaz de distinguir entre o "bem" e o "mal". Ou, para falar aqui a linguagem tradicional da teologia moral: a *vox conscientiae*, enquanto dura a inconsciência moral da consciência especulativa, permanece em silêncio. Que fim levou a voz da consciência, geralmente tão loquaz, ao dizer dos teólogos? Ela se tornou muda e áfona – a voz da consciência está em pane; seus oráculos infalíveis se calam. Viver uma existência verdadeiramente moral e, por conseguinte, *continuamente* moral como tal – no sentido em que se diz: ter uma vida religiosa – talvez esteja ao alcance dos ascetas e dos santos com cheiro de santidade, e graças a recursos sobrenaturais, se é que tal quimera é concebível... Tolstói aspirava a uma "vida" cristã e se desesperava por nunca a ter alcançado, ou se, no lapso de um instante, a alcançava, por não poder manter-se nela. O que fazem o austero e o místico entre duas observâncias? Quais são seus pensamentos ocultos? No fluxo dos dias, o homem médio, que podemos chamar de *homo ethicus*, cuida dos seus grandes afazeres, corre atrás dos seus pequenos prazeres e não se questiona; ele não é nem sequer um cristão "de domingo de manhã"! O ser pensante está longe de pensar o tempo todo. Com maior razão, o instinto, no animal moral, dorme com um olho aberto: as revanches da naturalidade, da sensualidade ou da voracidade são freqüentes; não menos freqüentes as recaídas do amor-próprio; quanto às sonolências e às distrações da consciência moral, elas ocupam a maior parte da nossa vida cotidiana.

3. Uma "vida moral". Contínua ou descontínua? O foro interior. Círculo da temporalidade

Dito isso, toda a questão está em saber, em se tratando do ser moral, que sentido se deve dar ao adjetivo qualificativo, epíteto ou predicado. O ser moral *é* moral no sentido ontológico – moral da cabeça aos pés e de ponta a ponta? Moral o tempo todo e em todos os instantes desse tempo? Moral quando toma sopa ou quando joga dominó? Podemos, com Aristóteles, acreditar na perenidade de uma maneira de ser (ἕξις) que seria crônica, como toda maneira de ser: quando essa maneira de ser é moral, ela mereceria o nome de virtude. Maravilha! Mas a virtude não é, de forma alguma, um hábito, porque, à medida que se torna habitual, a maneira de ser moral se resseca e se esvazia de toda intencionalidade; ela se torna cacoete, automatismo e repetição de um papagaio virtuoso; ela é, então, bem pior do que o gesto da água benta que, pelo menos, não se dirige a ninguém na terra: ela é, antes, o gesto da devota que, sem nem sequer olhar para o mendigo, deixa cair uma moedinha na sua lata. Com maior razão, podemos falar de uma segunda natureza que tomaria o lugar da primeira, da natureza natural, e que seria a natureza sobrenatural dos super-homens (ou dos anjos!). O próprio Aristóteles admite: uma disposição moral só se torna virtuosa se existir em ato (ἐνέργεια). Em outras palavras, ela se atualiza por ocasião de um acontecimento ou de uma crise. Os perigos da guerra, as circunstâncias excepcionais da vida é que revelam a coragem e o homem corajoso; sem a invasão alemã, sem as provações da ocupação, da deportação, da humilhação, nunca se teria sabido que certo jovem resistente era um herói; ninguém é julgado herói simplesmente por sua boa cara ou por seus discursos (salvo quando a própria palavra implica um engajamento de todo o ser): não se dá crédito a um herói virtual, se ele nunca foi mais que candidato; o heroísmo não se lê de antemão no rosto ou no andar do simples operário, do modesto funcionário, que descobriremos *a posteriori* ter sido capaz da mais sublime abnegação diante de um inimigo implacável.

Porque é *a posteriori* e no futuro anterior que o *heroísmo*, assim como a vocação e o mérito em geral, terá sido uma "virtualidade"; é retrospectivamente que ele afirma sua atroz, sua misteriosa evidência no sacrifício supremo. Quando o patriota cai fuzilado, uma voz clama em nós, mais alto que os fuzis dos assassinos: era um justo! A virtude não era portanto nem uma potencialidade inerte e puramente lógica, fortuitamente suscitada por algum acidente inesperado, nem uma aptidão imutável, uma aptidão predestinada, inscrita previamente no caráter: a conjuntura acrescenta alguma coisa, sinteticamente, e não acrescenta nada ao que se podia saber do herói – ambas as coisas. Há que dizer, ao mesmo tempo, que os surtos de coragem, assim como os ímpetos de sinceridade, necessitam de uma ocasião ou de uma dificuldade para existir em ato, isto é, meritoriamente, custosamente, perigosamente, e que uma maneira de ser corajosa conserva no entanto toda a sua sublime evidência. A virtude permanece paradoxalmente crônica, muito embora surja e desapareça no mesmo instante. Digamos mais: o sentido moral está virtualmente presente em todos os seres humanos, muito embora pareça estar em letargia em todos. Quando consideramos formas menos excepcionais, menos hiperbólicas da vida moral, nunca sabemos se devemos conservar nossa confiança no homem ou perder as esperanças nele: somos, ao contrário, remetidos indefinidamente da confiança à misantropia. Os impulsos da mais sincera e mais espontânea *piedade*, num ser aparentemente insensível, às vezes nos reconciliam com o humano do homem; não esperávamos essas tão felizes surpresas; recomeçamos a crer no "fundo bom" da natureza humana, ou antes, oscilamos entre duas teses inversas a seu respeito. E, do mesmo modo, a possibilidade permanente de uma violenta insurreição moral, capaz de estourar a qualquer momento e vencer, assim, o limiar do escândalo, atesta, se bem que de maneira sempre um tanto ambígua, nossa necessidade de justiça; a chama da cólera e da *indignação* moral não estava apagada, estava apenas em estado de espera. É aqui, na chama passageira da emoção, no enternecimento da piedade e nos arroubos da cólera, que se manifesta uma vida moral subitamente despertada da sua apatia. Mas acontece também que esse despertar se dê sem acesso de febre, na paixão crônica do *remorso* e da *vergonha*. O remorso é uma perseguição moral que acossa o culpado em todos os lugares e em todos os instantes, não lhe dando trégua. De nada adianta Caim fugir para o fim do mundo, entrincheirar-se mil léguas debaixo da terra, pois ele permanece inexoravelmente face a face com a lembrança obcecante da sua culpa: a vida moral, em vez de se concentrar na explosão da cólera, de uma cólera pronta a se desencolerizar, se imobiliza na idéia fixa do remorso. Mas a queimadura do remorso é um tormento excepcional. Mais comumente, o remorso arde em estado de espera, e se chama então *má consciência*: oculta sob as cinzas da indiferença e dos interesses sórdidos, a pequena brasa infinitesimal da má consciência se reaviva de tempo em tempo: o homem é então atormentado por censuras internas que não cessaram de assombrar suas noites de insônia. A má consciência monta boa guarda, por isso a antiga teologia a chamava de συντήρησις: vestal fiel, a "sinterese" vela o fogo sagrado que se tornou latente e pode, a cada instante, reacender sua chama. Uma vida moral que se identifique com a má consciência pode ser dita retrospectiva ou conseqüência, já que está voltada para o passado da falta; por isso convém lhe opor uma *consciência moral* antecedente que seria voltada, ao contrário, para o futuro dos problemas a resolver, notadamente para os "casos de consciência": o problema moral é vivido, aqui, não no marcar passo do sofrimento e nas ruminações da angústia, por uma consciência infeliz, mas na hesitação e na perplexidade, por uma consciência inquieta que nem sempre é estacionária. Consciência moral e má consciência formam, assim, a trama de uma vida irreal: a vida moral é como o remorso da vida elementar ou "primária"; e não tem por objeto nem a conservação do ser-próprio nem a pleonexia. Permitam-nos chamar aquele órfão vestido de preto, em quem o poeta nos convida a reconhecer a solidão, de *consciência*. A consciência é um diálogo sem interlocutor, um diálogo em voz baixa que, na verdade, é um monólogo. E, de fato, que nome dar a esse duplo que me faz companhia em toda parte, seguindo-me ou precedendo-me, e que no entanto me deixa a sós comigo mesmo? Que nome dar àquele que é conjuntamente eu mesmo e um outro, e que no entanto não é o *alter ego*, o *allos autos* aristotélico? Que está sempre presente, em toda parte ausente, onipresente, oniausente. Porque o eu nunca escapa desse face-a-face consigo... Esse objeto-sujeito que olha para mim com seu olhar ausente só pode ser chamado por um nome ao mesmo tempo íntimo e impessoal: "Consciência"[1].

E não apenas o *a priori* da avaliação moral antecede e impregna todos os procedimentos da consciência, mas parece até que, pelo efeito de uma artimanha irônica, a rejeição de toda avaliação acentua seu caráter apaixonado. Como se, na clandestinidade, a axiologia houvesse recobrado as suas forças e adquirido uma nova vitalidade; reprimida, acossada, perseguida, ela se torna ainda mais fanática e mais intransigente: expulsem-na pela porta, e ela voltará pela janela, ou pela chaminé, ou pelo buraco da fechadura; melhor dizendo, ela nunca saiu, ela apenas fingiu sair: ela tinha ficado tranqüilamente sentada à nossa mesa, sob o lustre... *Dubito ergo cogito*. O pensamento se afirma em sua presença e em sua plenitude no seio da própria dúvida que pretende negá-la. A dúvida nos remete imediatamente e de uma só vez ao pensamento, a esse pensamento de que ela é a função

---

1. É o título que Victor Hugo dá ao drama de Caim em *La Légende des siècles* [A lenda dos séculos].

essencial, se é verdade que a contestação, ou antes, a problematização, é o próprio pensamento, o pensamento em exercício, o pensamento em trabalho: esse pensamento constitucionalmente inerente ao ato de duvidar desmente, ele próprio, a dúvida e restaura a primeira verdade; antes que tenhamos tido tempo de dizê-la, ou mesmo de tomar consciência dela, a dúvida já reconstituiu a verdade inexterminável de que esperava se livrar. O pensamento que duvida não pode, por sua vez, ser duvidoso sem se contradizer no ato. Assim, a dúvida, poupando por definição até mesmo o pensamento que é sua armadura especulativa, terá restabelecido involuntariamente uma primeira verdade; sobre essa primeira verdade, como em Descartes, se reconstruirão todas as verdades! A dúvida tinha se contradito pensando. Ora, talvez seja de se temer que o pensamento se contradiga duvidando: o pensamento, temperado pela prova e tendo se tornado consciente de si nessa prova, sente-se tentado a se desmentir e a se renegar, a aplicar a si mesmo os argumentos e os instrumentos suplementares de um ceticismo doutrinal; o homem se vale agora das suas faculdades críticas para duvidar ainda mais a fundo. Mas talvez bastasse distinguir cuidadosamente um círculo vicioso de um círculo saudável. O círculo febril, dialelo ou petição de princípio, nos remetia indefinidamente da dúvida ao pensamento e do pensamento à dúvida: esse círculo é um sofisma, em outras palavras, um jogo clandestino com a lógica, que tapeia essa lógica como o contrabandista tapeia os inspetores da alfândega. O sofisma de Epimênides, condenando o espírito a vagar até o fim dos tempos num círculo enfeitiçado, resulta de certa forma de uma lógica mal-intencionada, de uma lógica vergonhosa, de uma lógica negra. Esse círculo maldito não lembra o suplício eterno de Ixíon na sua roda? Se o círculo maldito se assemelha a uma maquinação do gênio maligno, por sua vez o círculo saudável seria antes uma espécie de artimanha maliciosa. Talvez seja esse gênio malicioso que, entrincheirado no Cogito, opõe uma resistência impenetrável às investidas dissolventes do gênio maligno. Em vez de negar diabolicamente toda verdade, inclusive o próprio pensamento pensante, nós nos atemos ao pensamento e voltamos o tempo todo a ele; assim, é ele a instância suprema; tudo a ele conduz, tudo dele decorre, tudo repercute nele; ele é o alfa e o ômega, é o primeiro e o último... A negação da negação não é mais uma dialética niilista e destruidora; ela está voltada para a positividade do sentido, para a plenitude do espírito e para o enriquecimento contínuo do pensamento. O pensamento é a instância de supremacia, e nós nos agarramos com firmeza a essa instância... Não a largaremos mais! Ora, fica claro *a posteriori* que nós nunca a tínhamos largado!... É essa a malícia bem-intencionada, como a malícia benfazeja do círculo saudável.

Recapitulemos esse movimento de vaivém, que não é uma simples oscilação *in loco*, mas também um aprofundamento. Quanto mais eu duvido, mais eu penso; e vice-versa: quanto mais eu penso, mais eu duvido. Mas, de novo, eu penso recomeçando a duvidar, e cada vez mais ativamente: o círculo se fecha, se entreabre, torna continuamente a se fechar, mas cada vez num expoente superior; a *auction* [sic] não pára de crescer, o lance de subir; a dúvida e o pensamento rivalizam sem cessar, se reforçam mutuamente cada vez mais... Porém, em todos os casos, as fraturas se consolidarão, as soluções de continuidade serão preenchidas. O pensamento dirá a última palavra.

A oniprésença da avaliação moral, apesar da sua especificidade qualitativa acentuada e aparentemente muito subjetiva, ou por causa dessa própria especificidade, tem uma analogia com a onipresença do Cogito. Quanto mais eu a nego, mais apaixonadamente ela se exalta. Mas, por outro lado, a avaliação moral é, como a temporalidade, uma espécie de categoria da linguagem: a axiologia adere tão intimamente ao *lógos* que não podemos dissociá-la dele; antes de visar o impalpável do seu foro interior, descubramo-lo primeiro no discurso. Impossível caracterizar o tempo, a não ser com palavras já temporais: a definição, nessas matérias, pressupõe inevitavelmente o definido! O tempo não é, porventura, uma instância última, irredutível, que remete sempre a ele mesmo e se define, circularmente, por si mesmo? A análise não pode ir além. Monsieur Jourdain, para definir a prosa, se exprime em prosa e supõe tacitamente que o problema está resolvido. Mas a petição de princípio é *a fortiori* legítima quando se trata do tempo, pois o tempo é um *"a priori"*. Impossível falar do tempo sem que o próprio discurso leve tempo, sem raciocinar no tempo, sem empregar as palavras do tempo, verbos e advérbios, sem que uma temporalidade preveniente tenha antecedido furtivamente nossa análise e nossa reflexão. Quando se define o tempo como a sucessão do anterior e do ulterior, a temporalidade diversa e indivisível já refluiu para cada um desses três conceitos e para cada um dos instantes infinitesimais do presente em que o filósofo quererá persegui-la e alcançá-la. A regressão vai ao infinito... Dizíamos: é à lógica da proposição que os juízos de valor devem seu estatuto. Claro, não se trata de encontrar a axiologia num tratado de geometria, nem mesmo na forma de vestígios indetectáveis, nem mesmo em doses homeopáticas. No entanto, o princípio de finalidade permitiu que Leibniz falasse na física a linguagem moral. De resto, o discurso especulativo em geral é que é feito de normatividade, impregnado de axiologia. Quando dizemos axiologia, não se trata de forma alguma de tabelas, escalas ou juízos de valor inspirados pelas necessidades e pelos desejos do homem. A preferência continua sendo antropocêntrica e relativa, enquanto o princípio da preferibilidade continuará sendo moralmente indeterminado; e o "princípio" do melhor, longe de ser um princípio de escolha, nunca será mais que um tropismo físico indiferente, isto é, um atrativo natural, se não se descobrir seu princípio "sobrenatural", ou seus móbeis ideais, ou os motivos racionais; claro, tendo um ponto de vista unilateral, a "mônada" (como diz Leibniz) prefere isso ou aquilo, é atraída por isso ou aquilo, ao sabor das tensões desiguais do meio em que evolui e de acordo com a disparidade dos atrativos que a solicitam. Mas, falando nessa linguagem, onde estão a atividade moral e a autonomia moral da vontade? E o que é "melhor"? Melhor para quem e para quê? Melhor de que ponto de vista? Melhor para a saúde? Ou mais útil e conforme ao meu interesse geral? Ou recomendado pela administração pública? O desejo é desejado por ser desejável ou como fonte de um prazer maior? Desej*ável*, prefer*ível*... É difícil não justificar a atração de fato por uma prioridade de direito, por uma legitimidade normativa que permanece subentendida e que é a consagração da atração. Mas pode-se temer, inversamente, que a avaliação moral, com suas hierarquias, seus desníveis, seus comparativos e seus advérbios de modo, seja adotada pela lógica a título de modalidade formal... Ora, a modalidade é uma forma da asserção; e o juízo de valor, por sua vez, é de uma ordem bem diferente; e não basta dizer que essa modalidade, se é que modalidade há, é apreciativa: ela expressa uma exigência normativa do sujeito diante de certos comportamentos, de certas palavras, de certas maneiras de viver ou de sentir – melhor ainda, ela é um gesto nascente, o esboço da rejeição ou da adoção que é sua maneira drástica e militante de participar de um combate. Mas a própria ação mesma não teria nenhum sentido ético, se não pudéssemos dar um nome aos valores que permanecem subentendidos na avaliação e que justificam tacitamente a normatividade axiológica do "valer". Em todo caso, essa carga impalpável e invisível de valorização se insinua nas palavras, às vezes até se entranha nelas; todo o nosso rigor objetivo não basta para represar esse transbordamento. Vistas do alto e de longe, isto é, por aproximação, as incontáveis nuances da maneira se resumem na polaridade dramática e um tanto ou quanto maniqueísta da benevolência e da malevolência; mas é a linguagem em geral que sempre revela em algum grau uma tomada de posição, um *parti pris* infinitesimal, uma parcialidade imperceptível. O indicativo, sem sequer resvalar para o imperativo, sugere indiretamente uma opção normativa, uma preferência que não ousa dizer seu nome. Os juízos de valor denunciados pelo espírito científico se reconstituem indefinidamente.

4. Da negação à recusa. Recusa do prazer, recusa da recusa

Mas eis o cúmulo da ironia: a exigência moral é tanto mais premente quanto mais se finge tratá-la com negligência. A defesa estava no próprio requisitório e, portanto, não necessita de argumentos suplementares. É essa economia de provas que é irônica, porque a revanche que ela reserva à exigência moral estava implicada na própria contestação! Lembremos aqui que o pensamento, em Descartes, niilizou a negação sem quase se mexer, sem dar um só passo fora de si mesmo e, de certo modo, sem sair do lugar. Melhor ainda: o homem às vezes pretende ser matéria e nada mais que matéria, máquina pensante, gelatina desejante; e quanto mais ele se obstina nessa afirmação, tendo como única arma os recursos da reflexão e do raciocínio, mais ele prova a suserania de um espírito, que é o único capaz de dar sentido. Porque a negação do pensamento ainda é um pensamento... E quão complexo! E quão pensante! A negação, dizia Bergson em *L'Évolution créatrice* [A evolução criadora], é uma afirmação no segundo grau (dizemos: uma afirmação com expoente), uma afirmação sobre uma afirmação que permanece subentendida, uma afirmação que se profere a respeito de uma afirmação que não se profere. Para além da afirmação pura e simples, que é tautologia, e independentemente de qualquer sucessão, distingamos três graus na negação, conforme a intensidade do passado: 1.º A negação é uma afirmação indireta, complexa, secundária, que se exprime por via de um desvio, ou no pudor de uma perífrase embrionária ("a neve não é preta"); ela pode ser da mesma ordem da lítotes; a afirmação se decompõe em dois tempos, mas a segunda parte é tanto mais enérgica quanto resta tácita. Bergson mostrou isso muito bem: essa complicação nas palavras, que parece supérflua ou inutilmente agressiva, lhe dá um caráter pedagógico e, às vezes, até polêmico: o enunciado negativo, para prevenir um erro pouco verossímil e defender uma evidência que não precisa ser defendida, se eleva de antemão contra o paradoxo e faz explodir seu absurdo. Sem dúvida eu tinha minhas razões para me exprimir assim... Em todo caso, a negatividade implica aqui um protesto do senso comum que, por esta ou aquela razão, se julga ameaçado pela falta de sentido. 2º. A negação da aparência, ao rejeitar a aparência como errônea, se situa no plano do paradoxo: ela protesta contra uma falsa evidência, contra uma aparência especiosa, contra uma semelhança superficial que esconde uma profunda dessemelhança. Não, a aparência não é a verdade, o aparecer não é o ser. 3º. E eis a negação da negação. Sim: a neve é bem branca. O espírito retorna à aparência, mas fazendo profissão de um empirismo consciente de si.

Deixando de lado a adesão ingênua ao instinto e à naturalidade, que está aquém da ética, encontraremos na vida moral o segundo e o terceiro estágios já distinguidos: doravante, somente a negação se chamará *recusa*. E por que "recusa", em vez de "negação"? Porque a vida moral põe em questão energias biológicas, tumultuosas, emocionais, contraditórias, com as quais a vontade está às voltas na experiência do dever; é então o prazer que está em jogo, o prazer e o desejo e a afirmação vital. A negação, operação lógica, logo nocional e platônica, não bastaria para niilizar essas forças orgíacas! Negar é *dizer que... não + verbo* [ne... pas] e, quanto ao mais, remeter-se a um voto platônico ou a uma fantasia; mas recusar é *dizer não*, com uma palavra taxativa; e essa palavra é um ato; e esse ato, independentemente de toda racionalidade, pode ser um acesso de cólera; porque o monossílabo "não" é um ato efetivo, um ato intencional e decisivo no interior da ação, ou melhor, o gesto *drástico* de alguém que, dando um soco na mesa, põe fim às transações e às tergiversações; é o gesto brutal da rejeição pura e simples; essa rejeição é uma agressão nascente. Ao reunir os membros esparsos da negação (*dizer que... não + verbo*), a recusa serve-se deles como de uma arma, para melhor atingir e ferir. Digo não ao que teve a pretensão de me seduzir, a insolência de me tentar. As vias de fato não estão longe! O não é uma espécie de magia.

1º A primeira recusa se situa no nível das morais sobrenaturalistas, sejam elas intelectualistas, ascéticas ou rigoristas. Nesse plano, o não de Platão, oposto ao *sim... mas* de Aristóteles, coincide com o incondicional de Kant oposto ao otimismo indulgente do século XVIII. As próprias palavras indicam toda a distância que subsiste entre a negação (ou a simples contestação) da aparência e a recusa categórica do prazer: o ceticismo em relação à aparência leva facilmente em conta as nuances, o grau, o ponto de vista, numa palavra o mais ou menos; e, por outro lado, ele não tem necessariamente conseqüências práticas: é a terra que gira, mas os homens, sabendo disso, continuam a fazer como se fosse o Sol que se levanta e se põe, e acertam sua conduta com base nessa aparência antropocêntrica. Em compensação, o repúdio do prazer responde à alternativa do tudo-ou-nada... É um ultimato passional. E, para intimidar e fazer tremer os que se sintam tentados, apesar de tudo, pela má solução, os teólogos inventam as palavras mais abomináveis; falam de uma concupiscência da carne. A aparência não é a verdade, se bem que dela possa participar; mas o prazer não é em absoluto o Bem, em nenhum caso, em nenhum grau, de nenhum modo, mesmo que pareça ser... Que estou dizendo? Principalmente se parecer! Além do mais, a aparência pode ser parcialmente falsa ou especiosa, mas não é propriamente nem falaciosa nem enganadora; ela não me deseja nenhum mal; aliás, ela não é nem mal-intencionada, nem bem-intencionada – ela é o que ela é, e ponto, e em si é muito mais indiferente; a interpretação do homem deslumbrado ou assombrado é que lhe presta intenções. Ao contrário, a atração do prazer é mais do que um erro: é uma enganação. Em torno dessa atração formou-se o complexo da beleza pérfida, obstinada em me fazer mal; em torno desse complexo se formou o mito da sedutora. Em relação à sedutora, nós não sentimos reserva, mas sim desconfiança: não uma reserva fundada, medida, racional em relação a informações sujeitas a caução ou a uma informação duvidosa, que deveríamos verificar e retificar, interpretar recorrendo aos redutores habituais, mas uma desconfiança infinita e irreprimível. O objeto altamente suspeito da nossa desconfiança se chama má vontade. É essa a primeira recusa. Essa primeira recusa é, em nós, o início do primeiro complexo e da primeira ambivalência: a repressão instituída pela lei transformava o prazer ingênuo em tentação vergonhosa, a volúpia sem complexos em desejo mais ou menos obscuro. A tentação é tudo o que resta do prazer após a censura. O homem moral... e tentado sente aversão pelo que é naturalmente atraente e que ele deseja. Essa situação de um ser dividido, secundariamente atraído pela razão e presa do desejo, dizemos que é uma situação passional; a essa situação indecisa, em que o movimento-*em-direção-a*, que é a atração, contraria o movimento no sentido de evitar, que é aversão, chamamos fobia. Duas vozes, cada uma das quais é, conforme o caso, a falta ou a saudade do outro, duas vozes, uma das quais está subordinada à outra, são de certo modo associadas na polifonia do complexo; quando se trata do primeiro complexo, é a voz do desejo que é, se não o pensamento oculto, pelo menos o gosto oculto, que se exprime em surdina; e, por conseguinte, o prazer é reprimido, proibido, condenado a uma existência subterrânea e ilegal; o desejo terá de viver em regime de clandestinidade com pobres prazeres contrabandeados e satisfações imaginárias. A ambivalência de primeiro grau, trabalhada pela contradição intestina que a dilacera, gera a violência de primeiro grau. É uma violência induzida... Como o prazer proibido não é em absoluto exterminado e não é, aliás, niilizável, o ascetismo exterminador, não contente com sufocá-lo, ataca seu cadáver, acossa em toda parte sua sombra, persegue sua própria lembrança e até mesmo a lembrança dessa lembrança. Do prazer propriamente dito podemos nos privar, suprimi-lo, renunciar a ele... Mas a tentação, que é um jogo mental com a possibilidade, um afloramento do imaginário, apenas um flerte, como nos impedir de pensar nela? O tentado não influi sobre uma vontade que está de namoro com a subvontade contrária e que é secretamente veleidade ou mesmo nolição; ele trava um combate impossível contra uma inapreensível, uma impalpável, uma imponderável hipocrisia dissimulada no mais profundo de si. É essa hipocrisia infinitesimal que faz a nossa impotência; e é essa impotência que explica a raiva quase desesperada do ascetismo, seu santo furor, o suplício infinito a que incansavelmente submete seu corpo. Ele ressuscitaria sua vítima, se pudesse, pelo simples prazer de matá-la de novo... Porque há mortos que é preciso matar!

2.º A recusa número dois é a recusa da recusa, isto é (pelo menos em aparência), a recusa da moral "idealista". Antes de mostrar como a própria antimoral restaura a mais fanática das morais, tentemos deslindar os pensamentos ocultos densos e complexos da recusa com expoente. Porque a recusa da recusa envolve um complexo como a primeira recusa, mas os termos da ambivalência são invertidos. Na realidade, como a própria ambivalência varia de acordo com a dosagem respectiva dos dois elementos que constituem sua ambigüidade, inúmeras transições são representadas entre o complexo simples (primeira recusa) e o "complexo complicado" (recusa da recusa), entre o Não absoluto, intransigente e incondicional, e a recusa matizada, anunciadora de um Sim. Escorrega-se, quase imperceptivelmente, do extremismo fanático ao ascetismo traquinas, que multiplica as piscadas de olho em direção ao pecado; mas já (ou ainda) no ascetismo extremista a atração se mistura ao nojo e compõe com ele uma espécie de horror sagrado. Numa ponta da corrente, o ascetismo vomita os refrescos e os xaropes enjoativos do prazer; a meio caminho desse supranaturalismo e do naturalismo radical, a consciência às vezes sorri timidamente para as suavidades e olha de banda para elas; muito mais na linha do *Filebo* do que na do *Fédon*, Baltasar Gracián, ao mesmo tempo infiel e fiel a Platão, aceita misturar o prazer com a verdade. A complacência com o prazer é um primeiro passo em direção ao hedonismo. Convertido pelo primeiro complexo, o asceta sentia uma aversão contranatural pelo que é naturalmente atraente; convertido uma segunda vez, mas pela complicação da complicação, o voluptuoso, ao contrário, reconhece a atração da naturalidade e desconhece o valor sobrenatural da norma. Todavia, a segunda conversão não é uma perversão que seria o simétrico invertido da primeira conversão. As duas ambivalências favorecem, ambas, a proliferação dos paradoxos e a exuberância dos monstros, mas não são comparáveis: a primeira ambivalência era a duplicidade clandestina do asceta tentado pelas imagens lascivas – santo Antônio no deserto! E a segunda ambivalência é a do voluptuoso que tem pretensões moralizadoras; depois do virtuoso-pervertido e das suas cumplicidades libertinas, eis o pervertido-virtuoso que recruta seus cúmplices no campo dos puritanos. São essas as duas gerações de monstros, como a dupla teratologia, geradas não propriamente pela duplicação da recusa, mas por seu desdobramento: porque *re*negar não é em absoluto negar duas vezes, agravando a negação e estendendo-a a outros objetos negáveis de mesma ordem, é ao contrário negar os próprios efeitos do ato de negar, anulando quase sempre cem por cento, às vezes parcialmente, os efeitos dirimentes desse ato; a renegação não é uma segunda negação que se acrescentaria aritmeticamente à primeira, é um recuo reflexivo, e que nega para trás ou recuando; numa palavra, a negação da negação não é repetição, mas *reflexão*. A negação da negação, tendo atingido a emancipação do desejo, torna supérfluos os protestos do corpo: a paixão não necessita mais de válvula de escape; no entanto, o complexo com expoente é tão orgíaco e passional quanto o primeiro complexo: mas os termos da contradição que o habita são invertidos. O prazer, reduzido à clandestinidade da tentação, era o gosto oculto do idealismo austero: o ideal, ou a lei, será o pensamento oculto e a intenção oculta da volúpia desenfreada... – a intenção oculta e, quem sabe?, talvez o remorso; se se ousa dizer, por modo de falar, que o prazer perseguido é o escrúpulo do asceta, com maior razão o ideal ultrajado é o escrúpulo do libertino, e isso no sentido próprio. Cada uma das duas vontades prolonga, assim, nela mesma, a repercussão e o eco da sua própria vontade oculta. Porque a consciência tem boa memória: convertida ao ascetismo, ela não havia esquecido o gosto do prazer; reconvertida ao prazer, ela reteve as lições da razão. A voz secreta que cochichava em nosso ouvido os conselhos persuasivos do prazer cochicha agora no ouvido do prazer as censuras da razão. O ascetismo acreditara ter eliminado o prazer, mas o prazer ainda respirava; um fio de vida subsistia nele, uma sensibilidade, um resto de calor... Era fácil demais reavivá-lo. Agora que a orgia do prazer, tal como um maremoto irresistível, submergiu tudo, é a vez de a lei protestar; mas, claro, o ideal dá seu testemunho em voz baixa e sua voz fraca mal se faz ouvir na tempestade dos desejos. A negação da negação não desfaz inteiramente o que a primeira negação havia feito. A gramática diz que duas negações, a segunda anulando a primeira, equivalem a uma afirmação – uma afirmação em dois tempos. Mas – o que a gramática não diz – a segunda negação pode muito bem deixar intactas certas conquistas positivas da primeira e, no caso, o ideal a que o denegrimento do prazer terá servido de realce; se a negação com expoente anula a primeira negação e, por conseguinte, restaura o prazer, ela não anula necessariamente, nem totalmente, a afirmação correlativa que a complementava; pode muito bem restar alguma coisa do ideal... a não ser, é claro, que essa afirmação não contradiga formalmente a soberania do prazer; fora dessa incompatibilidade, não é absurdo que um resíduo de normatividade, que uma espécie de auréola ainda idealize a vida do instinto. Em todo caso, a negação da negação, no fim do seu circuito, não terá restaurado "de forma idêntica" o mundo do senso comum: seu mundo é um outro mundo, seu prazer, um outro prazer, que, como o filho pródigo, leva em conta as provações por que passou, traz a marca das aventuras vividas e guarda a sua lição.

A presença insólita do dever em pleno furor sensual, assim como, reciprocamente, a presença inconfessável da tentação no mais recôndito da intimidade moral, gera promiscuidades explosivas, contradições palpitantes e, acima de tudo, violências escandalosas. Aqui, a violência induzida é uma violência de segundo grau, uma violência aumentada. O sacrílego sente um semblante de respeito e até um resto de gratidão em relação a esses valores que ele pisoteia, expele, renega hoje raivosamente; e essa piedade que não quer dizer seu nome é temperada com um vago sabor oculto de remorso. A sobrevivência do respeito complica ainda mais o segundo complexo, aumentando a sua complexidade, multiplicando-o por ele mesmo. No entanto, a bizarra saudade de uma lei agora renegada apenas repica passionalmente da falta à aversão, remete-nos zombeteiramente da veneração ao ódio. A liberação dos instintos não é apenas o sinal da libertação, ela anuncia uma tensão extrema. A agressividade austera dirigida contra o corpo não é mais que uma lembrança, mas exalta agora a agressividade inversa, agressividade profanadora e sacrílega; continuo a ter raiva dos valores depois da sua falência, apesar da sua falência e, às vezes, por causa dessa própria falência – e isso incansavelmente; tenho raiva de mim mesmo por meu remorso e por meu respeito inconfesso; e, quanto mais respeito, mais tenho raiva de mim. Essa fraqueza passageira atiça mais ainda o rancor do sacrílego contra as velhas proibições e contra a impostura hipócrita que frustrará por tanto tempo nossos pequenos prazeres; os pequenos prazeres por tanto tempo perseguidos tiram agora a sua desforra das obrigações e das privações. Graças às depravações vingadoras, graças às orgias provocadoras, o tempo da penitência logo será esquecido. À provocação ascética faz eco a provocação cínica, à violência ascética que pisoteia o corpo e maltrata os prazeres do corpo responde a contraviolência cínica que cospe nos valores; a obstinação ascética é feita muito mais de maldições, de mortificações e de suplícios – a obstinação cínica, muito mais de blasfêmias, de sarcasmos e de injúrias, mas a ambivalência aguda habita uma e outra. No sentido ambíguo e ambivalente da palavra "horror", o luxurioso tem horror da moral, assim como o asceta tem horror da volúpia: exotericamente, o dever causa horror ao luxurioso, mas as imposições do dever, esotericamente, lhe causam inveja; a lei moral é para ele uma espécie de intocável; esse horror, horror "sagrado", horror amoroso, é portanto dos mais suspeitos, como é suspeita a fobia que nos afasta de um tabu e que é uma atraente aversão, isto é, a resultante irracional do terror e da atração.

5. A proibição. Proibição da proibição

O caso é que, remetido de um a outro, depois de outro a um, e assim indefinidamente, o homem é presa de vertigem e não sabe mais para que santo rezar; tendo essa oscilação indefinida entre os dois pólos privado o homem de qualquer sistema de referência, ele está entregue de corpo e alma à contradição desvairada, à confusão orgíaca, ao caos do absurdo. É proibido proibir: é o que a contestação infinita escrevia outrora nos muros em letras negras, negras como a bandeira negra da anarquia. Do mesmo modo que a negação de uma negação equivale a uma afirmação e a recusa de uma recusa a uma aceitação, assim também a proibição de uma proibição equivale a uma autorização: ela é a perífrase de certo modo pudica de uma autorização que não quer dizer seu nome. Se a ênfase é posta nas próprias proibições, retiradas uma depois da outra, a recusa de todas as proibições desemboca, no limite, na licitude universal e, por conseguinte, no capricho, no arbítrio e, no fim das contas, na indiferença quietista; o *em vez de* (*potius quam*) não tem mais validade; a liberdade só se definia em relação a certas coisas proibidas: uma rua de sentido proibido, uma passagem proibida, uma entrada proibida; o que não é expressamente vedado é tacitamente permitido; e, de fato, a permissão, sob esse aspecto, tem um sentido determinado. Toda determinação é negação, implica uma limitação que consagra o advento do finito à existência. Mas, quando tudo é lícito, não há mais espaço senão para a licença, e esta não é preferível à paralisia total. Tudo é permitido, inclusive os contraditórios que se entredestroem e se desmentem reciprocamente. A licitude geral, e a bacanal que se segue, impede que uma ordem se forme, nem que seja a ordem da desordem, que um reino se instaure, nem que seja o reino da anarquia. E pode-se aliás falar de "instauração"? A situação não fica menos bloqueada quando, em vez de chegar por extrapolação ou generalização à licitude universal fazendo cair todos os vetos, um depois do outro, começa-se pela própria asserção proibitiva: o que é proibido agora não é esta ou aquela coisa proibida; não se trata de proibir isto ou aquilo – proibições de detalhe cuja suspensão estenderia, progressivamente, nossa latitude de ação –, não! O que é proibido, de certo modo à segunda potência, é o fato de proibir em geral e globalmente, é a própria intenção de proibir. Qualquer veleidade de proibir, nem que nascente, é reprimida *a priori*. *É proibido proibir* é uma asserção geral, e essa asserção com expoente não cai, por sua vez, sob o efeito de uma nova proibição que a tornaria facultativa: isso seria uma absurda regressão *ad infinitum* e, talvez, um círculo vicioso como aquele em que o sofisma de Epimênides nos faz vagar; *é proibido proibir* é, portanto, um veto de sentido único, uma asserção irreversível; nenhum veto de sentido inverso renasce na esteira dessa proibição geral para anulá-la ou para devorá-la; nenhuma proibição regressiva vem neutralizar a proibição de proibir. De resto, se, em definitivo, tudo é permitido, a proibição de proibir também é permitida; não é proibido, ao contrário é até muito útil, ou mesmo recomendado, lembrar-se de que a proibição é, por princípio, sistematicamente proibida: essa proibição é afirmada sem apelação, mas a afirmação desse veto aos vetos escapa, ela própria, do veto. Exceção necessária para que o discurso tenha um sentido. Se esse arejamento não nos é concedido, o silêncio é nosso único recurso. É proibido proibir: você não pode me impedir de professar, de justificar o direito de proibir qualquer proibição e, finalmente, em nome de uma filosofia perigosamente dogmática da liberdade, de fazer respeitar o direito e, se necessário, de reprimir toda infração ao veto dos vetos; é proibido pensar de outro modo, proibido criar obstáculos à filosofia da licitude universal, sabotá-la pela astúcia, limitá-la hipocritamente. Essa própria proibição de proibir o que quer que seja se formula em termos ameaçadores; a permissividade absoluta, garantindo sem limites nem obstáculos o exercício de todas as liberdades, é garantida, se preciso, a cassetete. Portanto, a liberdade nos é imposta autoritariamente e numa linguagem cominatória própria para intimidar os indecisos. A liberdade do tudo-é-permitido e o terrorismo virtuoso se confundem, portanto, ou antes, são uma só e mesma coisa. A proibição de proibir, reduzida à impotência por sua contradição interna, encontra pelo menos seu fundamento numa filosofia moral libertária.

A proibição sempre encerra mais ou menos uma tentação terrorista. Ora, a proibição não é apenas proibição direta das coisas proibidas, mas proibição da própria intenção de proibir, e não apenas proibição dessa intenção, mas proibição radical de toda proibição – essa proibição infinita abre caminho para a escalada do fanatismo moralizador. No entanto, a restauração de um terrorismo virtuoso pode se realizar de maneira muito mais simplista e, de certo modo, mecânica. A partir do momento em que a lei moral se torna, para o profanador, uma espécie de prazer proibido (porque toda virtude é impura e todo desinteresse suspeito), é o prazer que dita a lei. Haverá um dever do prazer, e até uma religião do prazer, e até uma teologia do prazer! De modo que a "inversão" dos valores se reduz em geral a um transporte do valor, mudado de um extremo para o outro. Essa inversão, de resto irreversível (porque não implica a inversão que, ao fim do ir e vir, restabeleceria o *status quo*), é muito mais uma interversão, uma simples permutação dos papéis. Trocar de papéis não é transformar intrinsecamente o sentido dos valores; inverter carcereiros e prisioneiros não é abolir os carcereiros e os cárceres, nem suprimir o princípio do que hoje se chama de "universo carcerário". Cadeia para o veto! Cadeia para o dever e a lei moral! Agora que as sem-vergonhices do prazer reinam na praça, é a vez de o veto tornar-se mártir! Os últimos serão os primeiros, contanto que os primeiros passem a ser os últimos... Mas sempre haverá primeiros e últimos. Não é uma sinistra derrisão essa revolução que consiste em trocar de carcereiros?

A moral é essencialmente recusa... mas nem toda recusa é necessariamente moral! Tudo depende do que se recusa... No caso, a moral é recusa do prazer egoísta. E, por conseguinte, a recusa que recusa a moral é, de modo geral, a recusa da recusa *moral*, a recusa de renunciar ao seu prazer-próprio, ao seu interesse-próprio e ao seu amor-próprio: nesse caso, a primeira recusa (a recusa de recusar) não se deduz da segunda por subtração – ela a anula, ela a risca fora de uma só vez e com um só traço. Assim é o *Não* dos egoístas em sua desoladora secura. Mas acontece também que essa recusa da recusa seja a recusa de uma austeridade complacente, a recusa dos jejuns inúteis e das penitências suspeitas. Era nessas privações interessadas que Fénelon reconhecia os sintomas de uma "avareza espiritual". A antimoral se torna, então, ela própria um capítulo da moral. Porque a moral tem um poder de assimilação tão grande que absorve indefinidamente todos os *anti* capazes de refutá-la. Na dialética de Pascal, tudo prova Deus e reverte para a sua glória, tanto o contra como o pró, tanto as objeções quanto os argumentos; e, da mesma maneira, a antimoral é em muitos casos uma homenagem que o imoralismo presta à moral.

Os pintores de costumes que, nos séculos XVII e XVIII descrevem os "caracteres" e os tipos sociais da sua época, são chamados de *"moralistas* franceses" – e não é sem razão: La Bruyère e Vauvenargues não são espectadores desinteressados e divertidos da comédia humana, não são diletantes nem amadores a contemplar da sua poltrona, com o binóculo de teatro, o teatro do mundo. E Teofrasto, o discípulo de Aristóteles, de que eles se dizem seguidores, tampouco é esse espectador distanciado: a galeria dos retratos satíricos e dos quadros pitorescos pressupõe, em Teofrasto, outra galeria da qual esta é, de certo modo, o inverso ou o negativo; todas as formas da mesquinhez humana, bajuladores, sicofantas, chantagistas, poltrões, hipócritas e espertalhões de todos os gêneros marcaram encontro na praça e no porto: mas remetem a um tipo de homem melhor, que em geral permanece anônimo, porque a perversão sempre parece variada, fortemente marcada e proliferando junto ao ideal. Para abreviar, a "caracterologia", ou melhor, a "caracterografia" de Teofrasto e de La Bruyère é discretamente normativa, sobre um fundo de maniqueísmo: fica entendido (ou subentendido) que a lealdade é preferível à hipocrisia; o denunciador e o caluniador servem de realce ao homem verdadeiro. Segundo os moralistas cristãos da idade clássica, notadamente La Rochefoucauld e Pascal, esse modelo do homem verdadeiro e puro é desfigurado pelas seqüelas do pecado original, isto é, pela queda, mas é fácil encontrá-lo sob a máscara careteira da hipocrisia e do egoísmo. São Francisco de Sales denuncia lucidamente o veneno da piedosa concupiscência dos colecionadores de penitências que entesouram as perfeições tendo em vista a sua salvação. Ele ralha a *avareza espiritual* desses açambarcadores! Uma profissão de fé eminentemente moral se exprime, pois, tanto na misantropia quanto na filantropia. O próprio relativismo etológico, embora exclua todo dogmatismo, admite uma espécie de sistema de referência virtual: ele deslinda, desmascara as mil e uma manobras e tramóias que formam a estratégia da má-fé. O próprio Gracián leva em conta a miséria do homem quando propõe ao cortesão, à guisa de artifício, uma beligerância fundada na simulação e no bom uso das falsas aparências. Resignar-se ao mal menor não é necessariamente imoralismo! Com maior razão, é uma empreitada altamente moral desmontar os mecanismos econômicos da impostura. É essa a empreitada de Marx: as superestruturas sublimes são desmascaradas como camuflagem de interesses sórdidos e desprezivelmente alimentares. A que se reduziria o marxismo sem a oposição, de todo moral, entre a justiça e a injustiça, e sem o conceito de uma alienação que é exploração, isto é, espoliação, e que é baseada no escândalo da mais-valia? A espoliação, na pior das hipóteses, não seria mais que uma engenhosa vigarice. Para ter coragem de fazer a revolução e sair à rua, para passar da especulação à ordem totalmente diferente da ação militante, para atravessar esse limiar vertiginoso, é necessária uma idéia-força, e essa idéia-força só pode provir da indignação moral. Sem o elemento intencional da má vontade e da impostura, a espoliação reduzida ao simples fato do salário seria uma simples maquinação, uma mecânica a ser desmontada, quando ela é uma revoltante trapaça.

A tomada de posição é discreta e, às vezes, desprovida de indulgência, quando não de humor, em todos esses moralistas, mas era veemente e violenta no imoralismo doutrinal dos cínicos. Entre os "moralistas", a variedade das inúmeras perversões sugere indiretamente e como que por alusões o desenho de um modelo ideal. No cinismo (aqui, é claro, falamos apenas da *doutrina* cínica), não se trata de um jogo alusivo, mas de um contraste agressivo. O cínico, em princípio, não joga: ele é dos mais sérios, pelo menos assim pretende. O contraste brutal entre o imoralismo e as virtudes não se reduz, de forma alguma, a uma antítese de caráter estético ou a um efeito de relevo. A moral da antimoral pode ser interpretada aqui de três maneiras diferentes: 1º Uma ironia abrupta nos autoriza a inferir tranqüilamente, automaticamente, com uma fria insolência, do contraditório o seu contraditório, e da contramoral a moral; a ironia cínica nos convida, por si mesma, a tomar o contrapé das suas pretensões; por uma leitura direta e uma transposição imediata, lemos a virtude no vício e o bom senso moral no não-senso imoral: a contradição não é, nesse caso, nada mais que a forma extrema e escandalosa da correlação. Sendo as injúrias cínicas uma dissimulação, a tradução desse texto transparente se faz *aperto libro*. 2º E eis nosso segundo enfoque: não há nada a transpor. Não há nenhuma dialética. É de fato o mal que *é* o bem (ou vice-versa)... e para sempre. A inversão, a perversão cínica, não pede por sua vez nenhuma intervenção capaz de pôr no direito o que está no avesso, de dar um sentido ao não-senso, de pôr o contra-senso de volta no bom senso. Eis o extremismo do desafio cínico. O absurdíssimo absurdo cínico será da alçada dessa "lógica do pior" cujos mecanismos Clément Rosset[2] analisa de maneira tão original e tão penetrante? Todo o mundo o repete desde Platão e com Platão: o Bem é, por definição, o supremo desejável; é esse um juízo analítico ou simplesmente uma tautologia que o princípio de identidade nos impõe; e, se digo que o supremo elegível se chama o Mal, dá na mesma, é porque chamo o Bem de um mal e, por conseguinte, é porque o Mal é um bem. Logo, não mudou nada! Quem pretende "querer o mal" quer o mal como um bem: assim se exprimia o otimismo de Leibniz. Em nosso segundo enfoque, o monstro de uma vontade do mal pode surgir portanto como um efeito de retórica, e o pior como um mal menor ou como um mal necessário. Quanto ao extremismo do absurdo, ele é principalmente verbal aqui. Uma espécie de blefe! O Bem é aquilo a que respondemos sim; e, se respondemos não, é que o suposto Bem é um mal camuflado: a paradoxologia está livre para inverter os dois pólos, mas ela desloca simplesmente a polaridade, e só esta importa: somente os sinais

---

2. *Logique du Pire*, Presses universitaires de France, 1971.

A EVIDÊNCIA MORAL ENGLOBANTE E ENGLOBADA

e os nomes dos dois pólos são invertidos; a paradoxologia crê professar o não-senso, mas esse não-senso ainda tem um sentido, a que a insolência oratória dá uma fisionomia escandalosa. Ninguém pode fazer o princípio de identidade mentir. E, do mesmo modo, a moral nos dá a força da recusa e da abnegação, mas ela não é feita para ser ela própria recusada, nem sinceramente renegada, nem *a fortiori* contradita. O que rejeitamos é uma falsa moral, hipócrita e puritana, logo uma impostura a que preferimos a *outra moral* e outros "valores", os do instinto, da plenitude vital e da naturalidade. Nem o fanatismo, nem tampouco o rigorismo faltaram a essa moral! 3.º A má vontade é tão evasiva e fugaz quanto a boa, e no entanto a vontade perversa existe: ela se chama malevolência ou maldade; a consciência, longe de repicar do mau querer para o bom, aparece dilacerada, partida entre os dois quereres: ela é habitada pela nostalgia da abnegação, mas é tentada pela existência egoísta; e, quanto maior a nostalgia, mais irresistível a tentação. E vice-versa. E *cada vez mais*. Essa lei paradoxal da *auction*, que preside a todos os desregramentos passionais, é a única a explicar o furor inexplicável, desproporcional, desmedido do sacrilégio: a lei moral é renegada, ultrajada e injuriada, pisoteada, supliciada, arrastada na lama, massacrada! O próprio exagero dessa recusa e dessas invectivas tem algo de suspeito e anuncia a ambivalência: é "suspeito", de fato, um pensamento que implica um pensamento oculto, por trás ou por baixo do pensamento confessado, é suspeita uma primeira intenção que oculta uma segunda intenção. O cinismo opõe à moral a mesma recusa que a moral opõe ao imoralismo: não que ele tenha simplesmente invertido os papéis, mas para se machucar a si mesmo; o profanador agudiza assim a tensão que resulta do atentado sacrílego. Esse complexo de tormento e de alegria diabólica guarda relações com o masoquismo. O cínico sente, a seu modo, as angústias do parricida. Ou, em circunstâncias menos trágicas: ele faz cenas à moral, tal como o amante faz cenas à sua amante... A raiva demente de Nietzsche talvez seja uma raiva amorosa, amorosa da moral. A violenta reação de rejeição dos valores normativos não é uma cólera moral ao revés, nem uma caricatura de indignação moral, é antes o frenesi de uma consciência desdobrada, crucificada, dilacerada por sua insolúvel contradição. Quanto mais o valor é aparentemente sagrado e reverenciado como tal, mais escandalosas e triviais as manifestações do nojo cínico: cuspir, vomitar e expelir! Nenhum gesto é suficientemente enérgico para exprimir o nojo cínico, a vontade cínica de expulsar da nossa vida, da nossa substância, de eliminar do nosso ser em geral os valores tidos como mais santos: os valores morais são considerados como indo no sentido contrário da vida. O cínico se faz mais malvado do que é. Em sua impotência para sufocar completamente a irreprimível necessidade moral, para calar a "voz da consciência", ele cobre com o barulho das suas imprecações e dos seus anátemas essa fraca voz que, num cochicho imperceptível, persiste a *remurmurar* em nós. Como se ele exorcizasse ou, pelo menos, desarmasse o mal professando-o em voz alta... ou antes, a todo volume. Dir-se-ia que ele se auto-imuniza magicamente nos próprios excessos da linguagem e nas abomináveis injúrias. Os blasfemos verificam experimentalmente que Deus não tem amor-próprio, que Deus não é "suscetível", que Deus não é irascível, que Deus não poderia ser nem desafiado nem ofendido, que o divino está além dos nossos ridículos e impotentes antropomorfismos. O discurso cínico é, portanto, muito a seu contragosto, uma espécie de álibi; sua própria intemperança é reveladora. Por isso, não há por que dar uma importância excessiva à retórica da imprecação e do palavrão. Falando de Eudóxio de Cnidos[3], que era ao mesmo tempo um teórico do hedonismo doutrinal e um sábio de costumes austeríssimos, Aristóteles se exprime aproximadamente como Bergson se exprimirá[4]: não ouçam o que eles dizem, vejam o que eles fazem. Nada é convincente, nem decisivo, nem revelador de uma intenção sincera, fora o engajamento na efetividade do fazer; só conta o exemplo que o filósofo dá, por sua vida e em seus atos[5]. Não há testemunho mais autêntico e mais convincente do que esse! Ora, era esse, segundo os antigos, o caso de Antístenes, filósofo dúplice, cínico por doutrina e asceta pelo exemplo da sua vida; e era essa, sem dúvida, a ambigüidade do cinismo em geral, doutrina antidoutrinal que preferia o exercício e a fadiga à especulação e que, para lá de todos os conformismos, políticos, sociais ou verbais, sonhava talvez com uma impossível, uma inviável pureza.

Para evitar as tentações perigosas da ambivalência e para que a moral não seja lesada em nada, o hedonismo toma muitas vezes o cuidado de reconhecer em direito e *de jure* o valor normativo do prazer; o prazer e o instinto não são apenas reabilitados, são diretamente sacralizados; a naturalidade não é simplesmente justificada, também é santificada; uma injeção de valor previamente transfigurou, moralizou esse objeto atraente que foi objeto de aversão. O hedonismo se torna, assim, uma espécie de religião cujas missas negras o voluptuoso ousa ce-

---

3. *Ethique à Nicomaque*, X, 2, 1172b 15-16.
4. *Deux sources de la morale et de la religion*, pp. 26, 149, 172, 193.
5. Cf. Xenofonte, *Memoráveis*, IV, 4, 11: "ἢ οὐ δοκεῖ σοι ἀξιοτεκμαρτότερον τοῦ λόγου τὸ ἔργον εἶναι;".

lebrar. "Os beijos proibidos, é Deus quem ordena." Gabriel Fauré musicou esses versos aparentemente sacrílegos em seu *Shylock*. O próprio Sade, quando invoca o instinto, sem dúvida encontrou o meio de sacralizar o sacrilégio, de valorizar o antivalor e a naturalidade do que é contranatural, de conferir uma monstruosa legalidade ao niilismo do absurdo. Mas, principalmente, quando se considera o culto do prazer sensível ou o imoralismo provocador dos cínicos, pode-se afirmar sem risco: eles são todos moralistas, e os que mais o são são os que menos parecem ser. Impossível encontrar uma doutrina filosófica capaz de manter a aposta da indiferença para com qualquer tomada de posição moral: uma diferença, ainda que infinitesimal, entre mal e bem, uma parcialidade imperceptível, uma invisível polaridade, se não um *parti pris*, sempre podem ser desvelados; sem o princípio elementar da preferência nascente, sem um *em vez de* mínimo, nem a escolha, nem a vida, nem o movimento seriam possíveis. Por isso o imoralismo absoluto tem algo de cadavérico. Nivelando ao mesmo tempo as decisões drásticas da vontade e as disparidades dramáticas da emoção, o imoralismo não se dirige a seres humanos apaixonadamente envolvidos, mas a múmias. O cardiograma moral apresenta uma linha plana e a carga de afetividade cai a zero. A moral, vilipendiada, assassinada pelos grupos ditos amorais, se refugia sob outras formas nos "códigos" das categorias sociais! Os marginais têm uma "honra" e as prostitutas observam gratuitamente certas regras de camaradagem desinteressada ou de piedade filial. A moral sempre tem a última palavra: acossada, perseguida pelo imoralismo, mas não niilizada, ela conhece toda sorte de revanches e de álibis; ela se regenera ao infinito, ela renasce das próprias cinzas, para nossa salvaguarda. Porque não podemos viver sem ela.

CAPÍTULO II
A EVIDÊNCIA MORAL É AO MESMO TEMPO EQUÍVOCA E UNÍVOCA

1. Ambigüidade do maximalismo, excelência da intermediaridade

A moral é inapreensível não apenas porque, desafiando a alternativa espacial do dentro-fora, é ao mesmo tempo englobante e englobada e porque seu lugar não poderia ser, por conseguinte, localizado nem atribuído, mas também porque ela é ao mesmo tempo equívoca e unívoca. Essa segunda ambigüidade, que torna evasiva sua natureza intrínseca, agrava os efeitos da primeira. *Essai d'éthique paradoxale* [Ensaio de ética paradoxal] é o subtítulo que Nicolas Berdiaev dá à sua obra *De la destination de l'homme* [Do destino do homem][1]. Mas pode-se conceber uma ética que não seja paradoxal e cuja única vocação seria justificar as idéias recebidas e os preconceitos e a rotina da ética "doxal"? Ora, a inversão paradoxológica talvez não passe de uma escapatória verbal... Ela responde à pergunta pela repetição dessa pergunta,

---

1. Éditions Je sers, trad. fr., 1935.

isto é, pelo próprio enunciado do mistério de que faz profissão. Ela reforça o escândalo e o desafio. A alternativa dilacerante, a alternativa insolúvel, não podendo ser definida, é resolvida por uma decisão "górdia". Assim é a "loucura" do sacrifício. No entanto seria um equívoco considerar esse dilema como uma conjuntura totalmente teórica: ele surge quando não posso salvar ao mesmo tempo a minha vida e a sua, e quando um caso de consciência me obriga, mas com uma obrigação totalmente moral, em outras palavras, uma *obrigação facultativa*, a sacrificar a minha. Seja como for, não é à transcendência platônica que devemos pedir uma justificativa do conformismo! A ética de Platão, do mesmo modo que a dialética de Platão, obedece ao impulso ascensional que prevalece na região sublime em que brilha o sol do Bem. No entanto, se o desígnio do homem moral não é se estabelecer no centro da zona temperada que Aristóteles chama de justo meio, esse desígnio não é tampouco se erguer até o cimo da perfeição nem alcançar o ápice do valor. Antes de mais nada, o que é a culminância? Baltasar Gracián fala de um herói em que se resume o sumo da perfeição, em que se encarna a perfeição das perfeições; ele é o cúmulo da plenitude; nele, todas as virtudes estão no apogeu, ele próprio é o modelo disso; ele é grandeza eminente e maravilha das maravilhas; o buquê das flores mais raras, dos perfumes mais refinados, das cores mais esplêndidas torna sua excelência evidente e manifesta. Quando se reúnem na mesma coroa todos os elementos da sabedoria sem excluir uma só perfeição, como, por exemplo, no homem de bem ou no ancião no fim da sua vida, a experiência do sábio se difunde em sábios conselhos, em sentenças sensatas e serenas, assim como um rio tranquilo; o sábio oniperfeito, no zênite da sua excelência, deixa escorrer o fluxo das palavras benfazejas e tranqüilizadoras. Assim é também a sabedoria estóica, em que todas as virtudes são uma só e mesma virtude. No entanto, a negatividade já está subentendida nessa excelência, assim como a terminação (τέλος) já está implicada na perfeição: o acabamento ora diz sim, ora diz não, conforme olhemos aquém ou além, em outras palavras, conforme a vertente considerada. Baltasar Gracián, discorrendo sobre o seu herói[2], define assim, ou aproximadamente assim, a sétima "Excelência": o herói é o primeiro em tudo, o primeiro em toda parte; em suma, ele merece o prêmio de excelência; ele é o maior de todos e bate todos os recordes: não se pode subir mais alto, nem ir mais longe; quer se trate de prioridade ou de primazia (é a linguagem de Plotino), de majestade ou de "maximidade" (é a linguagem de Nicolau de Cusa), uma limitação tácita está dialeticamente implicada na supremacia do superlativo relativo; ou, mais simplesmente: o superlativo relativo é o limite extremo e supremo do comparativo. O limite é portanto essencialmente ambíguo: em relação às grandezas da empiria, ele é apogeu, mas em relação à metaempiria ele é o que não se pode nem superar nem ultrapassar; ele é um recorde insuperável-inultrapassável, mas ao mesmo tempo faz alusão a uma impossibilidade. É essa a fraqueza da sua força! No "máximo" há *maximalismo*, do mesmo modo que nos "extremos" há *extremismo*, uma duplicidade constitucional que faz toda a miséria e toda a impotência dos lances puramente quantitativos. O homem da medianidade se contenta facilmente com um máximo autorizado pelo destino: ele está de antemão adaptado a esse superlativo bas-

---

2. *El Héroe*, VII: *"Excelencia de primero"*.

tante relativo! O superlativo relativo é o limite extremo do comparativo, mas é da mesma ordem e da mesma espécie desse comparativo: dele difere simplesmente pelo mais ou menos na série ordinal, escalar e contínua das grandezas. Do mesmo modo, e na terminologia de Aristóteles, os contrários, longe de se excluírem como os contraditórios, são os dois pólos extremos de uma mesma zona mediana: os extremos opostos também fazem parte do aquém. Quer consideremos os contrários, os graus da comparação ou a temporalidade geral, todas as coisas permanecem nos limites da intermediariedade: a contrariedade, que é uma extrema diferença, uma diferença aguda, mas sempre uma simples diferença de grau; o outro, que é um outro eu mesmo e permanece sempre, o que quer que façamos, uma alteridade egomórfica; o superlativo empírico, que é em suma um extremo comparativo; a terminação empírica, que ainda faz parte da continuação e que é um elo no encadeamento do intervalo... Toda perfeição – se é que há perfeição – se inscreve fatalmente no registro da imanência e das grandezas médias. A coisa perfeita é coisa consumada ou acabada, no sentido estático do particípio passado passivo. O dogmático decretou arbitrariamente que convinha parar por aí: ἀνάγκη στῆναι! A idolatria designou seu ídolo como o *nec plus ultra* de toda comparação e de toda busca; a busca acabou antes de ter começado, portanto; e o idólatra diz consigo mesmo, contemplando o ídolo: não toquemos em mais nada; chega! Ao próprio modelo, mais que tudo admirado, ele ousa dizer, como o fotógrafo durante a pose: não se mexa, está perfeito. É evidente que um máximo reduzido às dimensões de um *quantum* determinado, atribuível e unívoco, não tem nenhuma significação moral! O que buscávamos não é uma totalidade fechada, uma totalidade em ato no fim de uma totalização: o que buscamos é um evasivo ao infinito. Porque nosso ponto de mira está situado além de qualquer horizonte.

Numa ótica antropocêntrica, os extremos (τὰ ἄκρα) ainda fazem parte do aquém e, reciprocamente, o meio pode ser à sua maneira um apogeu bastante relativo. Se o primado que o extremismo simplista ambiciona é muitas vezes, na verdade, um superlativo dos mais burgueses, a mediocridade em que a filosofia da "mediedade" se instala complacentemente e de que faz profissão – essa mediocridade pode ser em certos casos uma culminância e uma espécie de ápice. Mas, enquanto o máximo do maximalismo está aparentemente empoleirado no mais alto degrau da escada, a filosofia do justo meio visa, no centro, o ótimo e o otimismo que é a filosofia desse ótimo. A vida média embotada e obtusa em sua rotina se desfia assim na ponta fina do justo meio. Por oposição ao máximo, superlativo quantitativo, o ótimo, superlativo axiológico, implica a qualidade e o valor. O meio que Aristóteles nos recomenda não é um *justo* meio? A justiça, afinal de contas, é uma virtude e, com isso, a justeza também, de certo modo; o justo meio (μεσότης) é portanto normativo. Com um olhar agudo, o espírito mede, avalia, determina a eqüidistância do ponto mediano em relação aos dois extremos, excesso e falta, situados numa ponta e noutra. Esse olhar agudo, em busca de uma determinação unívoca, não é a forma ótica do espírito de finura? A eqüidistância, implicando a igualdade das relações, e a própria proporção são símbolos de justiça. Aqui aparece, no entanto, a ambigüidade desse justo meio. Claro, a moderação grega não está, como a intermediaridade de Pascal, perdida entre dois infinitos, mas, ao contrário, está harmoniosamente adaptada à sua finitude, perfeitamente instalada em seu justo meio, a meio caminho entre o demasiado e o insuficiente, perfeitamente em equilíbrio, parece, na ponta do seu ótimo... Perfeitamente – ou antes, passavelmente! "Perfeitamente" e "medianamente" tendem aqui a se confundir. A virtude centrista está em equilíbrio, mas esse equilíbrio é instável; esse equilíbrio é uma oportunidade continuamente oferecida; esse equilíbrio está ameaçado de ambos os lados, pelas duas indeterminações contrastantes, da insuficiência e do abuso, que extravasam sobre ele. A essa dupla tentação ela opõe uma dupla resistência que é, como a ἐποχή dos céticos, recato e pudor. O pior é o inimigo do bem, como é óbvio, mas o melhor também, como é paradoxal e como não é óbvio. Todas as espécies de virtude prosperam nessa zona do aquém e da imanência intramundana: essa zona é a zona da mediania ou, se assim podemos nos exprimir, das perfeições médias. E, em primeiro lugar, da *modéstia*: por oposição à humildade extrema, à humildade mendicante de quem, em sua abnegação infinita, renuncia a todo ser próprio e aniquila a si mesmo, a modéstia reserva sua modesta parte. Assim é, sobretudo, a relação entre a *justiça* e a caridade: a dilacerante, a absurda caridade reconhece o direito dos outros sacrificando injustamente seu próprio direito; a justiça está mais próxima da verdade racional e até da lógica e da aritmética; o justo não se esquece e se considera legitimamente um desses outros que ele respeita. Por oposição a uma impossível pureza metaempírica, a uma pureza limite que seria algo como a forma espiritual da assepsia, a *sinceridade* se contenta em ser séria: ela não pretende ser literalmente, quimicamente pura, nem cem por cento sincera, pura de toda reticência e de todo pensamento oculto, mas leva em conta, na medida do possível, as circunstâncias e a totalidade do dado psicológico. E há também um grande número de outras virtudes, de perfeições menores nesse vale da existência média: a discrição e o recato que nos poupam o ciúme de Nêmesis, a timidez, o pudor enfim; e sobretudo o comedimento, que é ao mesmo tempo médio e soberano – μέτρον ἄριστον, diz Cleóbulo –, porque ele funda, em Platão, uma metrética e, nesse sentido, é normativo; mas, com isso, ele diz quanto, até que ponto, até que grau; e esse grau se exprime num número determinado ou atribuível. A condição que torna possível a metrética não é a finitude?

2. Viver para o outro, qualquer que seja esse outro. Para além de qualquer *quatenus*, de qualquer prosopolepsia

Há no foro íntimo da vida moral uma contradição secreta que o ramerrame da continuação e da intermediaridade cotidianas raramente deixa aparecer, mas que eclode de longe em longe na fina ponta incandescente das situações trágicas. Poderíamos formular essa contradição intestina e quase sempre invisível num duplo axioma, que é ao mesmo tempo uma indemonstrável evidência e o cúmulo do não-senso, que é portanto um impossível-necessário: *viver para ti, viver para ti a ponto de morrer*, morte incluída. Esse dilema do tudo-ou-nada, que é no sacrifício hiperbólico o ultimato irracional por excelência, esse dilema desemboca, de direito ou no limite, numa exorbitante e absurda exigência. Exigência puramente gratuita, parece... Viver para ti, viver para ti a ponto de morrer – esses dois paradoxos formam juntos um só e mesmo imperativo, porque a oferenda que se faz a alguém quando se vive para esse alguém, e isso *a fundo*, sem reservar nada para si, sacrificando-lhe tudo, implica que se consinta tacitamente em morrer por esse alguém, e em seu lugar, se for essa a condição da sua sobrevivência. Esse imperativo ao mesmo tempo duplo e simples espera de mim, não uma resposta platônica, mas um ato; estou pessoalmente envolvido, sou vivamente interpelado pela urgência drástica de uma demanda em que minha vida inteira se compromete de forma imediata e apaixonada. Comecemos pelo viver-para-ti (sem morrer). Mesmo que façamos abstração da morte, mesmo que o paradoxo não seja metaempírico, esse viver-para-o-outro já é, em si, paradoxal. A preferibilidade incondicional do outro não pode ser racionalmente justificada. A vida do outro tem um preço infinito, *qualquer que seja esse outro*, independentemente das qualidades, talentos ou competências desse outro; devo portanto me dedicar a ele unicamente porque ele é um outro; porque ele não é eu. E, aliás, posso mesmo dizer, em geral, *porque*? Como veremos, é esse inexplicável que explica o inexplicável do segundo paradoxo, o absurdo do viver-a-ponto-de-morrer. Eis o cúmulo da arbitrariedade! O fato da alteridade nem mesmo é, propriamente falando, a razão abstrata que explica o amor. Se a existência do meu próximo fosse eminentemente preciosa, não haveria nenhum paradoxo no amor incondicional que tenho por ele; se a tua vida valesse mais que a minha, minha dedicação simplesmente faria justiça à verdade e não se diferenciaria em nada de uma constatação racional sensatamente motivada. Ora, um imperativo racional, justificável e demonstrável só pode ser, moralmente, condicional: amo deliberadamente depois de ter pesado o peso, avaliado o valor, apreciado o mérito do amado. É a conclusão lógica de um raciocínio. Mas onde está, nesse caso, a sobrenaturalidade milagrosa, onde estão a sublimidade e a divina loucura do sacrifício? Portanto, há que dizer exatamente o contrário: como o imperativo de amor é radicalmente imotivado, ele é categórico! Eu te amo porque és tu... O que não é evidentemente "uma razão"! No máximo, é uma má razão! Ou, mais simplesmente: eu amo sem razão. E, melhor ainda: eu amo contra toda razão! Eu amo porque eu amo... Não há nenhum *porque*... O *porque* é a pura e simples repetição do *por quê*. Em geral, se reconhece a sublimidade do sacrifício pelo fato derrisório de que o amado não merece esse amor... Trata-se então da piedade mais dilacerante. A não ser que (há sempre um *a-não-ser-que*) essa preferência por um amado indigno do nosso amor não seja, ela própria, uma suprema afetação e uma falsa humildade, algo como um redobrar suspeito do ascetismo; às vezes, até um desafio e uma provocação, o desejo de bater um recorde – o recorde do desinteresse! Aristóteles, que no entanto considera o amigo um "outro eu" e se encerra de bom grado na *clausura* xenofóbica do helenocentrismo, encontra para a amizade uma linguagem paradoxalmente "altruísta": é preciso amar o outro, é preciso ser justo para com o outro... O altruísmo prega a virtude da amizade sem especificar a nacionalidade do amigo, nem sua religião, nem sua raça. O princípio de uma abertura infinita já está entrevisto. Ele só aparecerá à plena luz no universalismo e no "totalitarismo" da *philanthropia* estóica. A "filantropia" é paradoxológica porque é "paradoxal" amar o homem *em geral* e pelo simples motivo de ser ele homem. Porque essa razão, nos conceitos da moral fechada, não é "uma razão". No mais das vezes, um homem ama o próximo quando esse próximo é seu correligionário, seu concidadão ou seu compatriota – ou, a rigor, seu "colega"! No mais das vezes, um homem ama os outros homens contanto que pertençam, eles e ele, ao mesmo rebanho; ou ainda, contanto que façam parte do mesmo clã, da mesma tribo, da mesma casta. Quem ama o próximo, por esse próximo ser paroquiano da mesma paróquia, não ama os homens; quem ama uma mulher por ela pertencer à mesma casta não sabe o que é o amor. O paradoxo filantrópico é da mesma ordem do paradoxo cosmopolita; esses dois paradoxos estão ligados um ao outro na mesma paradoxia, e a sabedoria estóica professava ambos. O cosmopolita é um cidadão do mundo. Cidadão de uma cidade, e não de outra cidade, tem sentido. Mas como se pode ser cidadão do *universo*? Cidadão do planeta, cidadão do globo terrestre – o qual não é, de modo algum, uma *cidade*, são modos de falar e, para um ouvido grego, esses modos de falar soam muito mais como contradições ou absurdos. É o mesmo que falar de um patriotismo da galáxia! E no entanto é essa extensão infinita, no limite do absurdo e do derrisório, que mede a impensável desmesura da fraternidade humana.

O profeta Isaías diz que Deus não discrimina os estrangeiros: porque não há estrangeiros. O Novo Testamento exprimirá uma idéia análoga servindo-se da palavra grega προσωποληψία[3]; a prosopolepsia é o engano que consiste em considerar a máscara (πρόσωπον), em levar em conta a fácies e a cor da pele, em outras palavras, o personagem. *Prosopon* é, em suma, uma aparência superficial. O que é inessencial e acidental, o que é esgar

---

3. Ou προσωπολημψία C: em particular Rm 2, 11; Tg 2, 1-9; At 10, 34; Ef 6, 9; Cl 3, 25.

ou pertencimento "adjetival", Deus não leva em conta: Deus só leva em conta a essência, só leva em conta a humanidade do homem, sem considerar a pigmentação da sua pele ou a forma do seu nariz. Por estar acima de toda mesquinhez, de toda prosopolepsia, Deus considera a substância e não os epítetos mais ou menos pitorescos ou folclóricos. A recusa da prosopolepsia traduz no Evangelho a profunda indiferença em relação a todos os *distinguo* sociais, profissionais ou étnicos e, com isso, o duplo maximalismo da caridade – extremismo, universalismo –, que é a fonte dessa indiferença. Mas o paradoxo moral poderia ser formulado igualmente em outras linguagens filosóficas, ainda que não seja feito para elas. Pode-se, por exemplo, adotar a linguagem do relativismo monádico: amar alguém deste ou daquele ponto de vista, por este ou aquele ângulo e a certo respeito e, correlativamente, não amá-lo a um outro respeito e até detestá-lo francamente a esse respeito; ora, isso não é amor, é uma derrisão; amar sob certos aspectos, detestar sob outros aspectos, estando o detestar subentendido na amizade como um efeito de relevo, é sem dúvida amar com amizade, mas é no máximo garantir ao amigo a sua maior consideração; a amizade é um amor acompanhado de restrições circunstanciais que o motivam e o justificam, limitando-o. Amar condicionalmente, mediante certas precisões e discriminações, não será tornar o amor subalterno? Vamos até dizer que o paradoxo moral está virtualmente implicado na idéia racionalista do universalmente humano. O homem, que é o sujeito moral dos *direitos do homem* e dos *deveres do homem*, esse homem não é o homem considerado como este ou aquele, o homem enquanto isto ou aquilo, em suma *o homem enquanto*, mas o homem pura e simplesmente, o homem sem outra precisão ou especificação; o homem sem *quatenus*. E, primeiramente, o homem dos deveres do homem é essencialmente o portador da lei moral e dos valores em geral, responsável por esses valores e por essa lei – o que não nos deve surpreender, pois o dever, por si mesmo, só nos fala de esforços e de fadigas, de austeridade e de privações. Não respondo apenas por minhas obrigações profissionais e por misteres que o horário e o calendário limitam no tempo, mas também por uma tarefa infinita e sempre inacabada; e essa tarefa indeterminada e sem limitação de tempo dura tanto quanto a vida, e pode exigir o sacrifício dessa vida. A assistência a um homem em perigo não me diz respeito *enquanto* professor, bombeiro ou salva-vidas, ou representante de certa categoria social particular, a dos prestadores de socorro: ela me diz respeito porque sou homem e porque o afogado é um homem como eu. São esses os deveres mais urgentes e mais imperativos. Não procuro verificar, antes de pular na água, se o homem em perigo é meu correligionário ou meu colega apenas, se é da minha tribo, se pertence ao mesmo clube ou ao mesmo clã que eu... Não! Eu socorro imediatamente o homem em perigo de morte, porque temos, ele e eu, a mesma essência e a mesma origem. Aquele que pergunta *por que* e aquele que se acha obrigado a explicar *porque* isto ou aquilo são tão lamentáveis um quanto o outro, quando batem boca sobre a assistência a prestar, ou a não prestar, aos seres em perigo. Não deixarei o homem que corre risco de vida se afogar a pretexto de que uma miserável prosopolepsia, uma mesquinharia criminosa, me dissuade de lhe prestar ajuda e assistência! E, da mesma maneira, o militante dos direitos do homem não perde tempo especificando as categorias sociais ou profissionais envolvidas em seu combate: o homem dos direitos do homem não é homem *enquanto*; em outras palavras, os direitos desse homem não são os direitos de um homem considerado cidadão, eleitor ou contribuinte, ou viajante, inquilino, assinante de um telefone ou usuário dos transportes coletivos – e não é tampouco a adição de todos esses direitos partitivos que comporia, em seu conjunto, os direitos do homem. Os direitos do homem em geral não são os privilégios que um grupo humano mais ou menos fechado reivindica em relação a outro grupo humano... E, aliás, são mesmo "direitos"? O "direito" de viver, o "direito" de existir e de respirar, o "direito" à liberdade são direitos elementares tão evidentes que não têm gosto nem sabor; eles são óbvios, e não lhe devo nenhum reconhecimento particular pelo presente que você acredita me dar ao concedê-los a mim. Eis uma esquisitice paradoxal e, por isso mesmo, eminentemente moral!

Eu sou no mínimo um desses "outros" em favor dos quais se reclama a justiça e o direito. Não sou uma exceção à lei comum, ainda que ela me favoreça! Será que a justiça só pode ser justiça se for em meu detrimento? Que só posso obter meu direito por intermédio dos deveres de outrem? Seria pior que uma chance derrisória, seria um absurdo! Não admito ser pessoalmente excluído da comunidade jurídica e moral que se estende a todos os sujeitos morais. Eu também, afinal de contas, sou um representante da grande comunidade humana. Não há razão (no sentido racional) de me excomungar. Ora, temos que falar aqui de um mistério... Essa chocante desigualdade que a razão se recusa a admitir, o pessimismo moral torna plausível: meu próximo tem sobre mim todos os direitos, e esses direitos são para mim deveres, sem que eu mesmo possa me prevalecer deles, nem deduzir diretamente deles meus direitos e minha latitude de agir; se teus direitos desenham em relevo meus deveres, a recíproca está longe de ser verdadeira e a proposição longe de ser reversível: teus deveres não são automaticamente meus direitos; pelo menos não cabe a mim aplicar a mim mesmo tal regra. É essa, pois, a dupla paradoxologia que governa os direitos e os deveres do homem.

Esse amor que ama a *hominidade* do homem – e o ama por amor, não por razão –, que ama o gênero humano como se ama alguém, que ama incompreensivelmente a pessoa-em-geral, que ama o gênero humano encarnado na pessoa e a pessoa ampliada às dimensões da humanidade, esse amor é evidentemente paradoxal. Como não existem no planeta outros sujeitos morais além dos homens, um amor filantrópico é necessariamente um amor ecumênico; e se houvesse no cosmos outros planetas habitados, além do globo terrestre, e nesses planetas seres dotados de razão, além dos homens, a filantropia se estenderia a eles, e eu começaria a amá-los fraternalmente. Toda comunidade, fechando-se em si mesma, pode se tornar um clã entre outros clãs, uma tribo entre outras tribos. Mas a "comunidade" humana é, por definição, um superlativo; essa comunidade é a mais vasta que se possa conceber e proporciona ao amor a abertura máxima, que é a da universalidade: porque ela é omnilateral e coextensiva ao gênero humano. E só há um gênero humano! A lei do tudo-ou-nada é válida aqui. O universalismo só é verdadeiramente universal contanto que não tenha a menor exceção. Não há outra exceção além do salvo-eu, a injustificável exceção em meu detrimento, o mistério impenetrável do sacrifício! É ao mesmo tempo o escândalo da teodicéia e a aporia insolúvel da antropodicéia. Essa exceção confirma misteriosamente a universalidade que ela deveria logicamente contradizer. Fora a única, a paradoxal, a irracional exceção da primeira pessoa, o universalismo não tolera nenhuma exceção; e isso por definição: porque se há uma exceção na suposta universalidade absoluta, é que esta não é universal, nunca foi. Uma só, uma ínfima exceção, só uma e não mais que uma, basta para abrir a primeira brecha na universalidade: a minúscula exceção é, de fato, a brecha pela qual a discriminação racista se insinua, de início insidiosamente, para depois se precipitar irresistivelmente; a fissura entreaberta deixará passar a torrente do racismo crapuloso. É portanto *a priori* e sem precisar enumerar os casos particulares que o universalismo moral exclui toda discriminação, diz não de antemão a todo *distinguo* nascente, a toda veleidade de discriminar; a mais fugidia exceção a esse respeito é recusada como absurda e contra a natureza; ela é um insulto grave ao homem, uma ameaça mortal para todos os homens. Mesmo nos seres aparentemente convencidos da igual dignidade, confraternidade, concidadania de todos os humanos, acontece que uma nuance imperceptível de desdém, que uma impalpável diferença de tratamento se manifeste; diferença tanto mais chocante por ser imponderável e tanto mais injuriosa por se exprimir em termos comedidos. Uma certa condescendência apenas perceptível na linguagem ou nos modos às vezes exprime um racismo infinitesimal muito mais pérfido e venenoso do que o racismo grosseiro; a discriminação racial logo degenerará em segregação racista. A menor reserva, uma restrição quase invisível, uma brevíssima hesitação ou, ao contrário, uma amabilidade um pouco afetada, uma solicitude suspeita, não sei que atenção exagerada suscitam em nós um mal-estar inexplicável; essas pessoas condescendentes são sem dúvida racistas mal curados... E nos dá ganas de lhes responder: para que essa aposta? Não se cansem, não desperdicem seus esforços: nada substitui a naturalidade e a espontaneidade.

A preferibilidade incondicional de outrem em relação a mim se resume num primeiro paradoxo que também é o primeiro aspecto do desinteresse: a abnegação não tem nem causa nem motivação racional. Mas o *porque* faz tão intimamente parte dos mecanismos do pensamento e da explicação que ele reaparece, de uma forma ou de outra, para restabelecer um equilíbrio tranqüilizador, oferecer uma compensação, uma legalidade, um sentido explicável aos movimentos gratuitos do coração; a decisão do sacrifício não ficará por muito tempo imotivada, irrecíproca e arbitrária. Irresistivelmente, nosso incurável racionalismo, ou antes, nossa necessidade de inteligibilidade regenera o nexo causal que justificaria ou, pelo menos, explicaria o amor sem causas: a tal ponto nossa linguagem tem dificuldade de renunciar à categoria da causalidade! 1º A uma filantropia indeterminada e, em definitivo, imotivada, alguns prefeririam talvez uma "filadelfia" baseada na consangüinidade e numa solidariedade muito vagamente motivada: eu amaria os outros homens *porque* eles são meus "congêneres"; porque são meus irmãos ou primos em humanidade. Esse parentesco biológico ou genérico seria portanto a razão de amar! Eis uma razão que tem todo ar de pretexto... Razão simbólica e mais metafórica. Diz-se: é a voz do sangue que me fala na aflição dos meus semelhantes, dos meus irmãos e irmãs criaturas... Mas esse sangue não é o sangue das raças ditas superiores, é o sangue da vida humana em geral, é o sangue que corre nas artérias de todos os homens. Não! Um amor assim não tem nada a ver com a fórmula sanguínea! 2.º Mas a causalidade reaparece num outro disfarce, mais sutil ainda, para fazer valer seus direitos: nós amaríamos *mesmo que* a pessoa amada não valesse a pena, *muito embora* ela não valha a pena e *precisamente porque* ela não vale a pena, e *sobretudo porque* ela não vale a pena! No entanto, uma causalidade concessiva ainda é uma causalidade e o *muito embora* é aqui um simples *porque* ao revés. Eis-nos portanto mandados de volta ao desafio cínico! Amar de propósito os canalhas mais abomináveis pela simples razão de não o merecerem, preferir propositalmente a canalhice dos canalhas, preferir em virtude de uma predileção sistemática os seres mais repulsivos, um carrasco nazista por exemplo, não é uma forma de amor gratuito: é seu exato contrário; é, na melhor das hipóteses, uma aposta provocadora e, mais provavelmente, é uma vergonhosa perversidade. 3.º Pode-se pelo menos dizer: eu amo o outro porque ele não é eu, embora seja como eu? porque ele é como eu sem ser eu? porque ele é meu semelhante-diferente? Em relação ao outro o *muito embora* e o *porque* coincidem! Essa interpretação dialética e reflexa das relações ambíguas entre identidade e diferença explicaria talvez o inexplicável do altruísmo. Mas, então, por que o amor? De novo o *porque* fica sobrando! 4.º Viver para o outro, qualquer que seja esse outro, e unicamente porque é um outro – claro que se pode dizer isso, quando é decididamente impossível evitar o *porque*... Pois a etiologia tem sete fôlegos! O próprio desinteresse é que se torna então uma motivação... A motivação de um altruísmo imotivado e o interesse de um amor desinteressado; e é, enfim, a própria gratuidade que se torna a mola propulsora de uma espécie insólita de etiologia! Em outras palavras: aqui, é a ausência de causa que é, ela própria, a causa... Essa ausência de causa podemos chamar de Outro, nome por assim dizer anônimo, que implica a remissão infinita, a abertura para o futuro e para o incógnito: a causa seria então o fato inexplicável da alteridade ou, pelo menos, a nua alteridade do outro. Mas fica entendido que a alteridade não é, por si mesma, uma razão de amar; ela não é uma razão e muito menos um motivo! O fato do outro pode muito bem ser, para mim, uma razão de temer ou até de odiar. Não existe, afinal de contas, um ódio "desinteressado"? No limite extremo da gratuidade, não há sem dúvida mais nada além do puro amor.

Precisamos concluir: a primeira pessoa se projeta em direção à outra, e esse impulso preveniente, espontâneo, que, longe de se deixar imantar por um valor antecedente, funda ele próprio esse valor, e isso independentemente de qualquer consideração utilitária ou social, de qualquer motivo racional, de qualquer preferibilidade objetivamente fundada: de fato, o próprio amor é que é fundador, porque ele é a fonte da qual emana toda legalidade. Por que esse amor de um pelo outro? Sim, por quê? Porque é um, porque é o outro; porque é ela, porque sou eu. Porque... porque... Esse *porque* obstinado não é, evidentemente, uma razão; nem uma relação causal em que a causa e o efeito, bem distintos um do outro, se articulariam um no outro lógica e cronologicamente. Aqui, compreende-se melhor como o *porque* remete a si mesmo, como a causalidade se curva sobre si mesma, como a causa se repete no efeito: a relação circular do efeito-causa à causa-efeito é, se não uma tautologia, pelo menos um círculo reduzido finalmente a um ponto; a antiga teologia dava a esse ponto o nome de *causa sui*, causa de si, e considerava-o o mistério central da criação divina. Pois é por essa própria *asseidade* que o amor é divino. O *quatenus* (*enquanto, na qualidade de*) de que falamos aqui é circular, como a reciprocidade causal. O homem dos direitos do homem e dos deveres do homem, o homem do amor filantrópico é um homem além dos *quatenus*; sua dignidade de homem, ele não a possui como um privilégio especialmente conferido a seu mérito ou como uma distinção concedida em recompensa a serviços prestados; as distinções que sublinham o *distinguo*, semelhantes nisso a toda discriminação, resultam da prosopolepsia; e as "honras" também são atribuídas (ou recusadas) em função da prosopolepsia: mas a "honra" de ser um homem só é honorífica a modo de dizer; essa honra exclui toda prosopolepsia, e ninguém pode recusar a outro essa honra sem se destruir a si mesmo e sem se tornar novamente um bicho. É doxal, isto é, conforme ao senso comum, amar o próximo enquanto ele é isto ou aquilo, e amá-lo tanto mais quanto maiores forem seus méritos, quanto mais pesar sua folha de serviços; porém é paradoxal amá-lo sem considerar seus títulos nem seus méritos. O paradoxo é amar o homem, não enquanto tal ou tal, porque isto ou porque aquilo, judeu ou grego, mas enquanto absolutamente nada, ou antes, sem nenhum *enquanto* ou, o que dá na mesma, amar o homem enquanto homem. Como a *causa sui*, além da qual não se pode ir, a circularidade anuncia aqui o último recurso e a suprema instância. Amar o homem sem *quatenus* é amar simples e absolutamente, amar *e ponto final*.

Quando dois homens estranhos um ao outro e desconhecidos um do outro se encontram na imensa solidão de um deserto ou no silêncio eterno das montanhas, esses dois homens a si entregues se olham e se cumprimentam; eles se relacionam sem precisar ser apresentados; eles apertam as mãos sem outra forma de protocolo. Estão sozinhos na natureza hostil, mas já se conhecem, embora nunca se tenham visto; trocam uma primeira palavra, e o vento, as pedras, a natureza elementar lhes mandam de volta o eco dessa palavra. Essa palavra já é, em si, uma boa-vinda. Assim é a palavra que o viajante solitário, perdido na noite, dirige a outro viajante solitário; assim a palavra que, além de qualquer prosopolepsia mesquinha, o homem dirige a outro homem no caminho da vida. Num mundo inumano, essa saudação atesta a fraternidade de dois rostos e celebrará o encontro de dois olhares.

3. Viver para o outro, a ponto de morrer. Amor, dom e dever. Para além de qualquer *hactenus*

Viver-para-ti faz *implicitamente alusão*, de maneira indireta, à possibilidade da morte. Mas viver-para-ti-a-ponto-de-morrer, o segundo paradoxo, *leva explicitamente em conta* o sacrifício mortal e a morte-própria. É um compromisso que nos compromete, teoricamente, até o absoluto. Esse segundo paradoxo põe em jogo o grau de amor. Viver a ponto de morrer não teria evidentemente sentido se o vivente fosse imperecível por sua constituição ontológica, se ele fosse *a priori* incapaz de morrer (o que é absurdo) e, por conseguinte, condenado à imortalidade obrigatória: ele viveria então para seus irmãos sem esforço, sem mérito e sem riscos, e se dedicaria a eles de corpo e alma tão facilmente quanto respira; a abnegação seria uma função da vida, nem mais nem menos que a circulação do sangue nas artérias; o sacrifício seria um ato simples como um bom-dia, um boa-tarde e um boa-noite! As palavras "sacrifício", "heroísmo", "coragem", "virtude" não teriam mais sentido portanto... A não ser que o suplício da vida perpétua, incompreensivelmente, seja ele próprio essa morte, essa eternidade de tormento, essa danação à luz do meio-dia – esse inferno! "Morro de não morrer", dizia santa Teresa. Diríamos então, como Émilie Makropoulos, a heroína de Čapek e Janáček, condenada à vida perpétua pelo elixir de seu pai: "Vocês têm sorte, vocês vão morrer". Ora, o homem é um ser fraco e vulnerável no qual a morte pode entrar por todos os interstícios do organismo, insinuar-se pelo mais ínfimo poro dos tecidos... Essa precariedade da vida humana se chama finitude. E é a desproporção entre a finitude do ser e a imensidão do dever que explica o segundo paradoxo. Há na morte uma dimensão que nos escapa e sempre nos escapará. Essa aporia nos remete à misteriosa, à insolúvel contradição que opõe pensamento e morte: o pensamento prevalece *contra* a morte, pois tem consciência desta, mas a morte prevalece *sobre* o pensamento, pois aniquila o *ser pensante*. Um ser pensante-mortal, mortal enquanto ser, imortal por seu pensamento, não é em si mesmo uma espécie de híbrido inviável, um paradoxo encarnado? O pensamento, em certa medida, engloba a morte, mas o nada opaco da morte engloba o ser pensante em sua noite. Como explicar essa reciprocidade contraditória? E, do mesmo modo, o dever, o valor e a ação moral não levam em conta uma aniquilação definitiva, não têm conceitos, nem mesmo linguagem, para explicar esse não-ser; eles só conhecem a plenitude e a continuação infinita do ser além da morte. No entanto, o agente, isto é, o sujeito da ação é irrisoriamente mortal! Como um ser finito, limitado no tempo e em seus poderes, pode assumir um dever infinito? Essa tarefa desmedida é uma tarefa impossível *a priori*, um fardo que as costas humanas não podem suportar. Não, não é um programa verdadeiramente sério e realista para os homens. E, aproveitando o ensejo: como um ser finito pode amar com um amor infinito? Responderão: aplicando todos os seus recursos no amor... Quem ama irrestritamente, quem ama intensamente, duradouramente, incansavelmente, talvez ame loucamente, mas não infinitamente: pois não passa de um homem! E, se fica louco de amor, é que seu coração é pequeno demais e estreito demais para uma embriaguez infinita. Os recursos do amante não são limitados? Pode-se morrer de amor, morrer de amar... Quem ama infinitamente encontra a morte em seu caminho. O amor é forte como a morte, ou seja, é ao mesmo tempo mais forte e mais fraco – principalmente mais fraco... pois, em definitivo, o amante não sobreviverá. A ambigüidade pende para o lado da miséria... E, por fim, como um ser finito pode se dar infinitamente? Deus, sim, pode. É de certo modo sua definição, segundo Plotino: o Uno, isto é, o Absoluto, dá sem contar: o que ele deu, ele ainda tem – e é um paradoxo; quanto mais ele dá, mais ele é rico – e é um milagre, um conto de fadas! Sua generosidade é inesgotável. Ele está portanto além da alternativa, ou seja, ele ignora toda mesquinhez, toda penúria, toda sovinice. Como Jean-Louis Chrétien mostrou sutilmente, essa paradoxologia tem o mesmo sentido nas *Enéadas* e no cristianismo[4]. Como

---

4. Jean-Louis Chrétien nos convida a distinguir uma doação verdadeiramente generosa, que sacrifica seu bem mais precioso, de uma generosidade de certo modo indiferente, que, como a difusão da luz, é radiação imperturbável e superabundância, mas ignora a tragédia do sacrifício ("Le Bien donne ce qu'il n'a pas", *Archives de philosophie*, 1980, t. 43, pp. 263-77).

quer que seja, o homem não é Deus: o que ele deu, ele não tem mais; o que ele deu fica faltando: suas prodigalidades imprudentes devem ser tiradas ou abatidas do seu haver, subtraídas do seu crédito, deduzidas das suas riquezas. O ser finito, submetido às tristes leis da miséria e de uma aritmética implacável, sabe que não pode contar nem com uma juventude eterna, nem com a renovação infinita dos seus tesouros. Terá de se resignar ao racionamento; espia, angustiado, seus recursos acabarem, suas forças vivas se esgotarem lamentavelmente.

No entanto há no coração do homem uma ambição moral que protesta loucamente, desesperadamente contra a evidência da fraqueza e da finitude. Desafiando toda verossimilhança, o agente moral não hesita em declarar: querer é poder. É um paradoxo ou a espera de um milagre que possibilite o impossível? O imperativo do sacrifício infinito e do desinteresse absoluto não reconhece em princípio (isto é, teoricamente) nenhum limite, não admite nenhuma restrição. Enunciando o primeiro paradoxo (viver para outrem, mas sem chegar a ponto de morrer), dizíamos que a paradoxia desse paradoxo consiste na exclusão de todo *porque*, de toda causalidade ou motivação; o desinteresse filantrópico dá as costas para a parcialidade e desdenha tanto a prosopolepsia quanto o folclore; seu único objeto é a nudez austera do humano; por oposição ao amor fechado que se compraz somente no jardinzinho da sua pequena paróquia ou em sua minúscula confraria, o desinteresse filantrópico é essencialmente o amor aberto. O segundo desinteresse é desinteressado antes de mais nada em relação ao ser-próprio do sujeito. Daí a provação dilacerante e até sangrenta, daí a iniciação violenta que chamamos de sacrifício. O sacrifício não é simples renúncia a isto ou aquilo, o sacrifício é o arrancamento de todo o ser da totalidade do seu ser. Dizer sim ao não-ser é uma decisão inconcebível que a vontade assume, de certo modo, extaticamente. No primeiro êxtase, pelo qual o eu escancarava as portas do seu coração e se alargava extensivamente aos limites do universo, opomos o segundo, pelo qual a alma se arranca dolorosamente do eixo do seu ser-próprio. A generosidade do primeiro desinteresse era a de um coração ecumênico que acolhe todos os homens sem lhes pedir seu passaporte e que lhes diz: entrem todos, tem lugar para todo o mundo na minha casa – e que nem conhece o uso da conjunção *quatenus*. Quanto ao desinteresse dilacerante, ele ignora, por sua vez, o advérbio *hactenus*, que significa: até aqui, e não além; *até este ponto*, e não mais longe.

4. Tudo ou nada (opção), de todo em todo (conversão), tudo por tudo (sacrifício). Com a alma inteira

As determinações circunstanciais – grau ou "porcentagem", intensidade, duração, posologia e cronologia – a que o advérbio *hactenus* remete, essas determinações e categorias não valem mais quando se trata de moral; elas já não necessitam ser nem especificadas nem estipuladas: muito pelo contrário, tal estipulação seria injuriosa e derrisória, a partir do momento em que o imperativo categórico do dever ou a exigência imprescritível do amor estão em questão. Dizíamos: o homem é um ser finito a quem incumbe um dever infinito e que ama seu próximo com um amor infinito. Mostremos como o homem moral, obedecendo a esse imperativo radical, compromete o *tudo-ou-nada*, converte-se *de todo em todo*, joga *tudo por tudo*. A lei do tudo-ou-nada, segundo o estoicismo, governa o reino das virtudes, que estão todas em cada uma, e governa a própria sabedoria, que reina sobre esse reino. A lei extremista do tudo-ou-nada tem por conseqüência imediata a igualdade das faltas que é, nos *Paradoxa* de Cícero, o terceiro dos seis "paradoxos" estóicos: ἴσα τὰ κατορθώματα. Um pecadilho é um grande pecado, e vice-versa: pecado venial, pecado mortal, dá na mesma; quem chegou mais perto da meta e quem está mais longe dela, nem um nem outro a alcançou: não há meio; os dois estão no mesmo barco! Toda uma aritmética extravagante, depreciando o progresso moral, joga com a intransigência do tudo-ou-nada: as relações entre o grande e o pequeno, o mais e o menos, são invertidas, subvertidas; as categorias de espaço, de tempo e de quantidade são postas de cabeça para baixo. Mas o paradoxo da igualdade das faltas, assim como o "contrapé" das Beatitudes no Evangelho, também pode ter uma significação intencional, porque, no mundo das intenções, do dever e do amor, esse paradoxo, longe de ser um jogo, é a verdade cotidiana da nossa vivência. E, em primeiro lugar, a grande lei simplista e simplificadora do tudo-ou-nada torna ociosas e caducas as gradações do mais-ou-menos. Enquanto se trata das tarefas e dos trabalhos e da sua remuneração, o pouco e o muito podem ser dosados, pesados, medidos, comparados, escalonados; mas em relação a esse movimento do coração, a esse impulso indiviso a que chamamos intenção, o pouco e o muito se mostram equivalentes ou, antes, indiferentes. O princípio do tudo-ou-nada, ao tornar subalterna a quantidade, dá importância unicamente à qualidade intencional; para ele, é pegar ou largar! Ele não tem tempo de pesar e sopesar os motivos, não se preocupa em contar as gotas, os grânulos e os centavos. Ele não entra em detalhes! Ele se mostra magnificamente negligente em matéria de posologia. Não é um quitandeiro, mas um grão-senhor. Ele se atém às aproximações e às grandes opções essenciais. A intenção amante não é sempre inteira e completa? Sempre indivisível? O princípio do tudo-ou-nada quer saber apenas se o coração está ou não está envolvido. "*Ama, et fac quod vis.*" Por isso, sempre há um elemento de maniqueísmo no extremismo do tudo-ou-nada. Aqui é a pureza intrínseca do movimento intencional que está em questão. Fénelon, fenomenologista *avant la lettre*, não transige nesse ponto: o puro amor não tem nenhuma mistura de interesse-próprio, ou não é puro amor; a puríssima pureza desse amor limite é necessariamente um superlativo absoluto, sobre o qual podemos nos perguntar se o homem em geral, ser carnal, espesso e sensual, é capaz de senti-lo neste mundo: como, segundo o *Filebo*, basta um grão de poeira para que a brancura máxima se acinzente, assim um miligrama de mercenarismo sórdido, um mínimo cálculo egoísta, um pingo de interesse-próprio, uma segunda intenção infinitesimal bastam para comprometer essa transparência e esse desinteresse; do puro amor não resta nada – nada mais que uma inominável mistura: porque a mistura do puro com o impuro é evidentemente impura; de um só golpe, a gota de hipocrisia fez dessa beberagem um veneno. Portanto o homem só pode optar entre o amor todo-amante e a hipocrisia; entre a boa vontade sem falhas e a duplicidade. O homem mediano desgarrado perdeu o justo meio. Uma só bolha de ar no bloco de cristal transparente cujo nome é amor, um só defeito, uma minúscula opacidade nessa transparência, uma sombra de amor-próprio nessa luz, a menor estria ou a menor complicação na simplicidade, a menor duplicidade nessa simplicidade – e o suposto amor não é mais sincero (*sine cera*), isto é, de pura qualidade. Mal sai da simplicidade, o homem mediano atola imediatamente na duplicidade. Porque uma pequena impureza já é uma grande, uma mortal impureza... A menor reserva nessas matérias, a restrição mais fugaz, lança uma dúvida grave sobre a sinceridade do sentimento: a mania do *distinguo* já não é a camuflagem de uma reticência suspeita e o álibi de uma má vontade, de uma vontade fendida? Essas mesquinharias e essas sutilezas traduzem muito mais as precauções de um amador que os ímpetos de um amante apaixonado. O amor partitivo e parcial ama da alma para fora, assim como as promessas verbais e superficiais prometem da boca para fora... A intransigência amorosa, porém, é característica do dever tanto quanto do amor: amor e dever – eles não admitem nenhuma condição restritiva nem de tempo, nem de lugar; nem de grau, nem de prazo. De direito ou teoricamente, isto é, fazendo-se abstração da questão de saber se é possível, o amor e o dever conhecem um só grau: o superlativo; uma só grandeza: o máximo; uma só filosofia: o maximalismo; uma só tendência: o extremismo.

Esse comprometimento da pessoa inteira no amor ou no sacrifício se consuma sob a forma, mais comovente ainda, da iniciação e da conversão: o imperativo do tudo-ou-nada torna-se então uma conversão de todo em todo. Em princípio e no limite, o Bem resume a exigência superlativa do dever, assim como o amado encarna o imperativo extremo, o imperativo absolutista do amor; e os outros valores só têm valor em relação ao amado; sem este nada vale a pena. Ele exige, esse infinitamente exigente, que nós o amemos de todo o nosso coração e não com um coração dividido, não com um quarto de coração, com uma só aurícula ou um só ventrículo. Aliás, podemos mesmo falar de uma relação do amante com o absoluto? A idéia da relação implica o ângulo de vista, isto é, a unilateralidade do *quatenus* ou do *hactenus*. A conversão da alma total, preconizada por Platão no sétimo livro da *República*, e depois por Plotino, sugere muito mais uma identificação de essência do que institui uma relação unilateral ou partitiva; o próprio Evangelho confirma a palavra tantas vezes pronunciada no Deuteronômio e que ele considera o primeiro mandamento de toda a Lei. Bergson renova seu sentido quando encontra no paradoxo da liberdade essa relação irrelativa da consciência consigo mesma. O advento revolucionário de uma nova vida implica o renegamento da vida antiga – aliás, ele e essa renúncia coincidem. O prisioneiro volta para a luz do sol não apenas seu olhar, nem somente sua cabeça, mas seu corpo inteiro; ele não se vira apenas alguns graus ou num ângulo agudo, como um sectário que diverge um pouco dos outros sectários, mas vira para o outro lado, dá meia-volta e toma a direção diametralmente oposta: é uma virada radical; e ele não finge apenas, como um fanfarrão que se imagina no teatro, grita "bravo" e "sus!" e depois, saudando com uma chapelada as verdades imortais, fica imóvel, plantado no lugar como uma estaca – mas, somando o gesto à intenção, levanta-se para valer e caminha efetivamente para a luz do dia, ao encontro dos perigos e da verdade: ele não se contenta em dizer que assim fará, nas calendas ou na segunda potência, mas faz pura e simplesmente, imediatamente. Do mesmo modo, o homem apaixonado pela verdade se converte a essa verdade, e se converte mediante uma conversão (ἐπιστροφή) que é inversão radical, ou melhor, interversão de todo em todo, que é portanto acesso à *vita nova*: ele não toca essa vida nova com um beijo apressado e negligente, mas adota-a e abraça-a, como se abraça uma esposa. Pois é essa a diferença entre o amador apressado e o amante apaixonado! O cativo libertado não se converte ao Bem com uma pequena porção do seu espírito – como, por exemplo, o conhecimento – ou, *a fortiori*, com uma porciúncula dessa porção – como o raciocínio – mas com toda a sua alma, ξύν ὅλῃ τῇ ψυχῃ[5], com toda a extensão do seu saber, todas as forças do seu poder, toda a tensão do seu querer, todas as fibras da sua sensibilidade. Em resumo: com a alma inteira e com o ser inteiro. "*Com a alma inteira*": são as palavras platônicas com as quais Gabrielle Ferrières termina o livro consagrado a seu irmão Jean Cavaillès, "filósofo e combatente".

O paradoxo moral é mais agudo ainda quando traduzido nas categorias da quantidade ou da temporalidade. O princípio do tudo-ou-nada e a depreciação do progresso escalar eram, nos estóicos, um só e mesmo paradoxo. Em se tratando de tarefas materiais, a vontade escalona, dosa e fraciona seu esforço em função das circunstâncias, das possibilidades físicas e da agenda: as meias medidas, o trabalho de meio período, os compromissos e os *distinguo* – eis seu pão cotidiano; uma tarefa sucede a outra no horário cotidiano; os trabalhos se prestam comodamente à intermitência e ao periodismo, porque são sempre quantificáveis; o rendimento nessas matérias é o único fim e a economia, a única lei. Mas todos esses conceitos se tornam derrisórios quando se trata da

---

5. *República*, VII, 518c. Cf. IV, 436b. Aristóteles, *Ética nicomaquéia*, IX (o Sério).

obrigação moral. No entanto eles bastam para aqueles que Kierkegaard chamava de cristãos de domingo de manhã... Uma vez por semana não é uma periodicidade das mais razoáveis e uma promessa de equilíbrio para o comprazimento bem-pensante? Mas, justamente, as satisfações que uma boa média regular proporciona à boa consciência bem contente e bem-pensante, essas satisfações exalam um forte cheiro de hipocrisia, isto é, de mofo; e elas não têm outra relação com a virtude, além de uma ginástica bem graduada com o ascetismo. Quando o homem de dever é o homem de uma obrigação delimitada, cronometrada e administrativa, pode-se conceber que ele decreta a certa altura: chega! Até aqui, mas não além! Porque, passado certo limite, o homem de um dever assim não está mais em débito e o responsável não tem mais responsabilidade; por sua rigidez ou, pelo menos, por seu rigor, a obrigação fechada pode parecer compatível com tal quadriculamento. Mas o dever moral não é isso, e o amor muito menos ainda! Nosso próximo quer ser amado o mais duradouramente, o mais fielmente, o mais intensamente possível, tanto quanto permitam os recursos e as forças do amante; e mesmo além desses recursos e dessas forças! Um amor que planeja antecipadamente sua aventura amorosa e seus progressos amorosos, que ama o amado a partir deste ou daquele grau e até certo ponto (!), em outras palavras, que pára de amar além desse ponto, esse amor finge amar e, por conseguinte, não ama ninguém; ele é necessariamente uma alma morna e de pouca fé. Como qualificar o amante apressado que, tendo um encontro à noite com a amada, anuncia de antemão: esta noite, espero a amada até às dezoito horas, nem um minuto a mais? Aquele que, vivendo o eterno presente do seu amor, se coloca desde já fora e, com satisfação, leva em conta seu desapego, não é um amante sincero. Já o amante apaixonado, situado no seio desse presente eterno *cujo centro está em toda parte e a circunferência em parte alguma*, esperaria o fim do mundo, se preciso fosse, e até mesmo além do fim dos tempos, se pudesse. Infinita é a sua paciência. Ele não sabe o que é um prazo. Não olha o cronômetro, o amante apaixonado. O amor não conta nem centavos nem minutos; não é avaro nem regateia. Tolstói sabe disso tão bem quanto Kierkegaard: ser um cristão de domingo – de domingo de manhã, entre onze horas e meio-dia – é a única ambição dos burgueses da paróquia. Mas Leon Tolstói não renunciou a se tornar um cristão da *vida* cristã, isto é, um cristão da *continuidade cristã*... Benditos e santificados sejam não apenas os feriados, mas todos os dias úteis, e todas as horas de todos os dias, e cada minuto de cada hora, e cada instante de cada minuto; que a vida inteira em sua plenitude e nos mais humildes detalhes da sua duração seja uma festa perpétua; que a temporalidade seja toda festiva em sua cotidianidade e até a mais infinitamente diminuta refeição diária, e até nos vazios do sono! Ao contrário de Aristóteles, Tolstói teria admitido de bom grado uma santificação da inconsciência noturna e da inocência infantil. Ora, uma festa contínua é cansativa, e uma santificação de todos os instantes é quimérica; e o desespero de Tolstói é tanto mais profundo por isso. Tolstói não se remete aos métodos da *Filocalia*[6] para assumir em seu coração a continuidade e a serenidade da prece ininterrupta.

---

6. Cf. notadamente Simeão, "o Novo Teólogo", em *Petite Philocalie de la prière du coeur*, ed. J. Gouillard, *Cahier du Sud*, pp. 173-4 e 118, 136.

O extremismo é sistemático por profissão, mas o amor e o dever são extremos por vocação. O extremismo profissional se instala burguesamente em seus excessos, como se deles fizesse comércio, mas o amor extremo olha para o horizonte e mesmo além do horizonte (ἐπέκεινα), para o infinito... E Platão, por sua vez, diz que o Bem não apenas nos torna presente (παρεῖναι) o conhecimento dos conhecíveis, mas além disso faz ser (προσεῖναι) os conhecíveis, conferindo-lhes o ser e, com o ser, a essência desse ser (τὸ εἶναί τε καὶ τὴν οὐσίαν), estando o próprio Bem, por sua dignidade moral e sua força criadora, infinitamente além da essência (ἐπέκεινα τῆς οὐσίας πρεσδείᾳ καὶ δυνάμει ὑπερέχοντος)[7]. Demoníaca hipérbole, exclama Glauco no sexto livro da *República* invocando Apolo, deus do Sol. Ora, essa exclamação não é apenas humorística, pois Platão estabelece, nesse mesmo Livro VI, a correspondência analógica entre o Sol e o Bem, entre a luz e a verdade: pelo menos nesse ponto Platão não se associa à condenação da desmesura (ὕβρις), condenação que faz a unanimidade da tragédia grega, da poesia gnômica e da sabedoria grega em geral: mas a medíocre desmesura dos tiranos não tem nada em comum com a divina hipérbole platônica... Nisso, o próprio Platão seria o primeiro dos neoplatônicos, ou antes, dos ultraplatônicos, pois nos remete, como Plotino[8], a uma transcendência superessencial (ὑπερόντως αὐτός); e Plotino diz ainda: o Bem é mais que belo (ὑπέρκαλος) e reina no mundo inteligível para além das coisas mais excelentes (ἐπέκεινα τῶν ἀρίστων βασιλεύων ἐν τῷ νοητῷ)[9]. Tentando exprimir o

---

7. *República*, VI, 509b.
8. *Enéadas*, I, 7, 1: ἐπέκεινα τῶν ὄντων,... οὐσίας,.. ἐνεργείας,... νοῦ.... νοήσεως. Cf. I, 6, 9 e VI, 8, 14.
9. *Ibid.*, I, 8, 2.

inexprimível, a teologia negativa do Pseudo-Dionísio tomará o caminho paradoxológico da contradição e nos fala do *raio tenebroso* da divina superessência e até (aqui a contradição se acompanha de uma poética incoerência) nos deixa entrever a Treva mais que luminosa do silêncio. É assim que Nicolau de Cusa, teórico da douta ignorância, nos propõe uma coincidência dos contrários: a identidade do Máximo e do Mínimo é, então, incompreensivelmente compreendida!

Entre a finitude de um poder limitado pela morte e a infinidade insondável do dever moral ou do amor, a contradição paradoxal se aguça até o paroxismo do absurdo e do insustentável. É portanto na carreira da temporalidade e ao fim dessa carreira que a vocação infinita do homem encontra o muro opaco da morte e da finitude. O dever moral nos dita uma tarefa tão esgotante quanto inesgotável, o dever exige uma tensão e uma vontade incansáveis à medida de um esforço sempre recomeçado e sempre inacabado. O dever, como tal, não leva em conta a morte. Há entre o *dever* e o *poder* uma desproporção que o *querer* procura loucamente compensar: a existência moral, em virtude mesmo dessa disparidade infinita, será sempre controversa. Por isso as religiões se arranjam para adaptar a uma agenda as obrigações e as práticas dos seus fiéis. *Hactenus!* dizíamos falando a linguagem de uma consciência parcimoniosa dos seus recursos e das suas forças. Até aqui, mas não adiante! Eis o que decide arbitrariamente o sábio e prudente gestor do dever fechado. *Hactenus* pertence de fato ao vocabulário das casas de comércio e dos comerciantes ocupados em comerciar. O trabalhador consciencioso, para se tranqüilizar, afeta não ver nenhuma diferença entre o dever que é infinito e as tarefas que podemos programar ou graduar. Mas o dever não é uma tarefa. Aqui, tem-se de escolher entre tudo e nada. Com maior razão, o dever que me incumbe em nome dos valores atemporais não leva em conta a morte, isto é, o obstáculo por excelência: porque a morte, numa primeira aparência, se assemelha a uma contingência física e literalmente indiferente; a morte, contingência natural, corta abruptamente no tempo e sem mais explicações o intento infinito da vontade moral; já o dever, exigência ideal, ignora de pleno direito essa limitação cega que a morte impõe de fato à nossa vocação: o dever nos dá trabalho para a eternidade! Seu papel não é nos pôr em guarda contra o perigo de extenuação e o perigo de morte. Ora, se a legislação moral, se os valores morais são eternos, como o portador desses valores, como o sujeito dessa lei são mortais? Esclareçamos porém: a própria morte não é um simples acidente empírico, um *impedimentum* fortuito; a morte é nosso destino... um destino que não nos destina a nada, que nos destina a não sei que de inconhecível; acreditamos entrevê-lo chamando-o de sina. A morte é um mistério, nosso misterioso destino: a colisão incompreensível de um dever infinito e de uma morte absurda tem, sem dúvida, alguma coisa a ver com a sublimidade do sacrifício.

Mas, se o *hactenus* já é sórdido e mesquinho quando é a lei de uma consciência parcimoniosa sempre preocupada em planejar sua labuta e sempre inclinada a entrar em greve e a mercadejar seu esforço, é – o *hactenus* –, com maior razão ainda, uma palhaçada quando o amor se aplica a si mesmo... Uma lamentável palhaçada... Ou, melhor ainda: *hactenus* é uma desculpa e um pretexto da má-fé. Esse *até aqui* é, na verdade, um sofisma espacial. O amor – naturalmente, aquele que é *"enfant de Bohême"** – tem por única lei a espontaneidade; a espontanei-

---

* Palavras da célebre "Habanera" da *Carmen* de Bizet: " L'amour est enfant de Bohême, Il n'a jamais, jamais connu de loi" [O amor é criança cigana, ele nunca, nunca teve nenhuma lei]. (N. do T.)

dade e a inesgotável generosidade; e, estranhamente associado a essa generosidade, o desejo insaciável. Assim como o ser não implica analiticamente a cessação de ser (porque não há razão alguma, fora da violência, para que o ser cesse de ser!), assim o fato de desamar tampouco está, jamais, diretamente implicado no amor; o puro amor não encontra em si mesmo e por si mesmo a razão de se desprender: ele encontra essa razão em fatores extrínsecos. Esclareçamos porém: há uma grande diferença entre a continuação do ser e um impulso de amor; o ser é *tenaz*, mas o amor é *vivaz*. Mais simplesmente: o ser é inexterminável; a niilização do ser-em-geral é um não-senso e uma contradição, e é absurdo pretender concebê-la; o ser, porque atemporal, não implica, mas ao contrário exclui *a priori* e logicamente a negatividade do não-ser e da morte; o ser, para perseverar em seu ser, isto é, para "se conservar", não necessita de esforços: o princípio de identidade lhe basta; ao nada, ele opõe estaticamente sua indestrutível plenitude e sua inércia inexpugnável: pois, em sua "tautousia"*, o ser só quer continuar a ser. Onde está o ser não há lugar para o não-ser: assim exige o absurdo da contradição... Mas é, se não contraditório, pelo menos contra a natureza que um amor sincero considere com sangue-frio seu futuro desapego: esse renegamento não é tanto um absurdo quanto um escândalo! Voltado para a plenitude da positividade vital, para a afirmação e a perpetuação da vida, o amor protesta violentamente, desesperadamente contra o que o renega; o amor se agarra com todas as suas forças à existên-

---

* Neologismo criado no princípio do século XIX pelo filósofo alemão Schelling a partir de dois termos gregos: *tautótes* (identidade) e *ousia* (substância). (Nota da Edição)

cia: porque seu dinamismo diz não a qualquer limite; o ser nega a negação chamada não-ser, mas o amor, apaixonadamente, *recusa* o ódio niilizador. Ele não quer morrer. Por isso bate o pé de impaciência. O amor enfrenta a morte a ponto de ir, por desafio, ao encontro da sua própria perda. Ou, mais precisamente: o amor se revolta contra o escândalo da morte e contra a ameaça que a morte faz pesar sobre o ser amado, mas o impulso do amor não é, porém, na verdade, suficientemente impetuoso para ultrapassar a morte. O amor é mais forte que a morte, mas a morte é mais forte que o amor: o amor e a morte, portanto, não são tão fortes um quanto o outro – pois, nesse caso, estariam em equilíbrio e se neutralizariam reciprocamente –, e sim mais fortes um que o outro – o que é contraditório e gera uma situação instável e dilacerada, dramática e literalmente insolúvel; não, propriamente, uma situação dialética, mas antes uma espécie de reciprocidade incompreensível; uma alternância convulsiva e crispada; um conflito apaixonado levado ao paroxismo pela tensão: o amante morre de amor, mas o amor triunfa sucumbindo. O amor e a morte puxam cada qual para o seu lado e disputam nossa carne partida e ofegante. O amor não possui o poder mágico de arrancar o amado das garras da morte, mas principalmente não imuniza o amante contra o esgotamento, nem mesmo contra o simples cansaço. Sua onipotência é, portanto, bastante metafórica. O amor é ao mesmo tempo mais forte e mais fraco do que a morte. Qual dos dois dirá a última palavra? E há mesmo uma última palavra? Talvez porque a palavra do fim seja, no infinito, a penúltima... Os poetas e os místicos ficam às vezes nessa interrogação, que também é uma esperança e que aponta para um horizonte distante. Claro, o fato da finitude está aí, e esse fato mais cedo ou mais tarde fará advir o porvir letal. Mas o adiamento sempre possível da morte e a indeterminação da data fatídica parecem manter, se não eternamente abertas, pelo menos indefinidamente entreabertas a porta da sobrevivência e a carreira do amor. *Mors certa, Hora incerta*: essa é a fórmula da entreabertura... O *Quod* é implacável, mas o *Quando* permanece entrecerrado; e essa humilde licitude basta para que o amor faça *como se* a necessidade de morrer não fosse certa: a indeterminação da data marca a quodidade. O amor utiliza inocentemente essa ambigüidade e a semi-indeterminação que daí resulta. A possibilidade de um adiamento *sine die* não autoriza as mais loucas esperanças? Nada está jogado nem consumado enquanto o dia e a hora permanecem em suspenso.

O dever e o amor são, portanto, pelo menos sob esse aspecto, análogos e comparáveis: eles sempre querem mais do que querem, sempre querem outra coisa. E somos tentados a dizer, já que nada os satisfaz: eles não sabem o que querem.

Apliquemos agora ao dever, e principalmente ao amor, a paradoxologia da divina hipérbole. Um amor que decida de antemão "cortar os gastos", aconteça o que acontecer, neste ou naquele momento, esse amor não é amor: esse amor é um cálculo sórdido e uma repugnante caricatura. Quem pode dizer: já chega, ou: basta? A divisa do amor é, ao contrário: não basta nunca! "Parar"... Mas com que direito, por favor? O amor nunca nos disse se convinha parar, nem quando é preciso parar, em que momento, a que horas e em que ponto; nem por que em determinado momento e não em outro, nem a partir de que grau de fervor é preferível interromper o crescendo amoroso. Parar? Mas não se deve parar *nunca*! Nem para respirar, nem para sobreviver... Cessar de amar é um crime. O amor ignora as duas palavras ἀνάγκη στῆναι, – duas palavras que seriam, na boca de um amoroso, as palavras da demissão; ele não reconhece expressamente a necessidade de parar nem a toma em consideração. Mesmo que, na realidade, mais cedo ou mais tarde (e desviando o olhar), vá ter de acabar parando, a determinação antecipada e unívoca de um máximo, no homem demasiado apressado, é um indício de má vontade; um comprazimento clandestino com a derrota; uma capitulação. A testemunha e o espectador, sociólogo, educador responsável ou terapeuta, sem dúvida têm o direito e até o dever de pregar a "moderação", na medida em que são terceiros em relação ao conflito de deveres; mas na medida em que eu próprio estou envolvido em pleno conflito, em que eu próprio sou pessoalmente o agente moral, não devo usurpar a ótica do árbitro.

A única medida do amor, dizia santo Agostinho, é amar desmedidamente; melhor ainda: a falta de medida é que é, ela própria, a medida. Aplicado ao amor, o μηδὲν ἄγαν de Sólon e de Teógnis é uma derrisão; há que dizer, ao contrário: nunca é o bastante, *nunca é demais*! Sempre mais! Gostem ou desgostem os sábios e os gnômicos, a palavra "excesso" não tem sentido quando se trata de amar: tal como o amor, o imperativo moral transborda indefinidamente da sua literalidade atual. A desmesura não poderia ser, portanto, objeto de uma proibição quando se trata de amor. E é por isso que a fobia de um amor "imoderado" já implica uma restrição injuriosa, um regateio derrisório, uma espécie de sordidez quitandeira. A partir do momento em que deve ser dosado, o amor já não é um imperativo anipotético, mas uma prescrição condicional; já não é a lei moral, mas, como os remédios prescritos por receita, depende da sua posologia. Em matéria de amor, a questão "quantas gotas" não tem sentido, e as precisões quantitativas em geral são totalmente supérfluas. Simeão, o místico, já citado, diz da prece o que nós dizemos do amor: "Não meta na cabeça que você ultrapassou a medida do cansaço e que você pode abreviar a prece..."[10] As palavras "cansaço", "excesso", "exagero" não valem mais aqui: o amor as deixa à timidez pequeno-burguesa; ele não tem medo de ultrapassar a medida nem de exceder um limite: o limite recua passo a passo ante o seu elã. O *impetus* amoroso não quer saber do regulador que, ocasionalmente, compensaria seus excessos; sua única lei é o cada-vez-mais, que se exalta e se inebria consigo mesmo, como um furor sagrado: sua única lei é o crescendo frenético e o acelerando, e o precipitando que vai até a vertigem e expõe finalmente ao risco de mandar tudo pelos ares.

De fato, o cada-vez-mais não pode se ampliar ao infinito, já que o amor infinito, com sua abnegação infinita, tem necessariamente por sujeito um ser finito: bem antes de atingir o limite supremo da abnegação, o ser do amante já está niilizado; a morte, que é o termo último da mortificação, imolou o amante e, com o amante, o próprio amor. Para falar a linguagem paradoxal da Primeira Epístola aos Coríntios: a sabedoria do mundo é loucura junto de Deus, e vice-versa: τὸ μωρὸν τοῦ θεοῦ σοφώτερον τῶν ἀνθρώπων ἐστίν. O que não é evidentemente uma resposta! Tal quiasma tem valor de explicação? Platão, no *Fedro*[11], fala de uma loucura de amor: μανίαν γάρ τινα ἐφήσαμεν εἶναι τὸν ἔρωτα. E ainda diz o seguinte[12]: os maio-

---

10. *Petite Philocalie*, p. 174.
11. 265a.
12. 244a.

res de todos os bens nos vêm graças ao delírio, delírio que nos é dado por um dom divino: νῦν δὲ τὰ μέγιστα τῶν ἀγαθῶν ἡμῖν γιγνεται διὰ μανίας, θείᾳ μεντοι δόσει διδομένης. Mas ele não explica com precisão em que o amor extremo é um amor delirante, nem por que esse amor ama, ao pé da letra, *loucamente*: por que podemos ficar verdadeiramente *loucos de amor*? Sim, por quê? Porque o amor traz em si mesmo sua própria negação: o amor, no limite extremo, desmente a si mesmo. É esse o sublime absurdo do sacrifício, é esse o heróico não-senso: o sacrifício niiliza todo problema, inclusive aquele que o coloca! Como o amor de Tristão por Isolda e o amor de Isolda por Tristão, a paixão amorosa é afirmativa a ponto de desejar seu próprio nada. Não é o cúmulo e a fina ponta aguda do paradoxo? Pois podemos morrer de amor! Pois podemos amar a ponto de morrer: é essa contradição intestina que é alucinante, ou mesmo absurda e, em certos casos, sublime. Numa palavra, é o mistério insondável do amor – mistério tão insondável quanto insolúvel. A boa vontade altruísta e o amor exigem que vivamos para outrem até nosso derradeiro sopro e até a derradeira expiração da nossa respiração, até a derradeira gota do nosso sangue e até o derradeiro glóbulo dessa última gota, até a derradeira sístole e a derradeira diástole! É essa a vertigem do amor a ponto de cair no vazio, a vertigem do amor desvairado titubeando à beira do não-ser. O derradeiro suspiro é um suspiro depois do qual não há mais outros suspiros. Ora, do mesmo modo que o desespero encerra uma esperança mercenária, se ainda conta com um futuro, assim também o sacrifício é suspeito, se sacrifica a vida inteira até o penúltimo suspiro – somente o penúltimo... –, excetuando o derradeiro suspiro. Entre o instante penúltimo e o instante último, por pouco que se distingam um do outro de maneira apreciável ou se sucedam um ao outro, o ego tem tempo de recobrar sua segurança; o menor fio de vida faz todos os projetos reviverem, encoraja todos os cálculos, justifica todas as especulações e todos os pensamentos ocultos. Quem quer expressamente preservar seu derradeiro glóbulo escolheu aquém e diz não ao sacrifício. Basta que um cálculo inconfessável tenha subitamente aflorado a boa vontade: a boa vontade transformou-se no seu contrário. Basta uma imperceptível reticência, um *distinguo* apenas sussurrado, uma tímida veleidade de adiamento – e já a pura vontade desinteressada que o interesse-próprio tentou se torna impura e débil. Uma boa vontade absolutamente boa não guarda nada de reserva; sua aceitação do sacrifício é *cem por cento* límpida e sincera. Mas uma vontade *quase* boa não passa de uma veleidade: aqui a aproximação do *quase* nos revela, em lugar da grande boa vontade, uma fraca e deplorável vontade de meia pataca; pior ainda: ela nos revela uma má vontade clandestina oculta nos flancos da boa, uma má vontade que é a subvontade da boa, que é a secreta malevolência da benevolência exotérica... A não ser que a própria má vontade não dissimule simplesmente uma *nolição*. O ambicioso recobrou sua segurança!

**5. Os três expoentes da consciência.
Debate ou coincidência entre o interesse e o dever:
o insubstituível cirurgião; deveres para com
os entes queridos**

Buscando a onipresença oniausente da moral, nós a descobrimos sob a forma dos três expoentes de consciência. Aquém de todo expoente, há apenas o instinto vegetativo simples e indiviso: o instinto pré-egoísta, não suspeitando nem mesmo da possibilidade do desdobramento altruísta, ainda não se crispou sobre si mesmo; antes, ele nunca havia contestado a evidência do prazer. Não há consciência, *a fortiori*, não há caso de consciência! A primeira consciência para além dessa inconsciência é, de certo modo, uma reflexão sobrenatural: ela renega as evidências sensuais: *re*negar não tem aqui um sentido repetitivo, mas um sentido *reflexivo*; para além do eu, que não tem nem mesmo consciência de si, ela se interessa pela existência do outro, que é objeto de amor; no horizonte do ser bruto, ela descobre o devendo-ser, que é a tarefa gratuita do homem moral; essa tarefa se chama dever. A primeira consciência toma idéia do fato paradoxal de que as evidências sensuais não são de modo algum evidentes *por si*. Quanto à segunda consciência, ela muda de idéia... Assim é o "cinismo"! "Reflexão" elevada à segunda potência e paradoxo sobre um paradoxo, o cinismo professa e assume expressamente, escandalosamente, essa adesão à evidência trivial que o idealismo renegava... Há algo de provocador nessa maneira de assumir altamente o egoísmo e o φιλεῖν da filáucia! Melhor ainda: o egoísmo do ego é não apenas professado como tal, mas reivindicado como um direito; em torno do seu ego, o cínico reconstitui cinicamente uma espécie de axiologia derrisória e (se assim podemos dizer) toda uma tabela da "valores" com seu imperativo categórico, sua primeira urgência, seus imperativos subordinados. Mas em primeiro lugar e antes de tudo! Eu me prefiro a todo o resto, e grito isso bem alto! Meu prazer, objeto outrora de uma aderência ingênua, tornou-se ele próprio meu dever e minha religião – não porque a positividade desse prazer fosse relativamente racional ou benfazeja no que quer que seja, mas simplesmente porque é o prazer. A adesão pactuada substitui a aderência ingênua. Por desafio. E eis para terminar a segunda mudança de idéia, que é inversão da inversão e que nos traz de volta a nosso ponto de partida: se a consciência refina sobre a sua própria fineza, o próprio cinismo pode aparecer como uma hipocrisia, ou como um esnobismo, ou como uma espécie de comprazimento. Não há tampouco razão para ficar nisso: nada impede uma quarta consciência de ir mais longe que a terceira, e *sic in infinitum*; cada consciência encontra fora dela uma sobreconsciência que é a sua consciência, cada sobreconsciência uma superconsciência que é, por sua vez, a consciência da sobreconsciência: o desdobramento e, com o desdobramento, a alternância histórica do *ora... ora* não têm fim, portanto.

Podem-se conceber situações privilegiadas nas quais a aporia é resolvida de antemão, resolvida antes de ter sido um problema: há consciência, mas não caso de consciência. E, por exemplo, o insubstituível cirurgião tem a feliz chance de poder dizer a si mesmo (ainda que seus móbeis ocultos não sejam totalmente desinteressados): eu me devo à humanidade inteira; é-me proibido expor inutilmente minha insubstituível pessoa, desperdiçar cegamente minhas preciosas competências, dilapidar a torto e a direito minhas eminentes capacidades. Melhor ainda, não tenho literalmente o "direito" de fazê-lo! O dever do grande cirurgião, se ele é o único a praticar determinada operação delicada em que é especialista, seria só se dedicar depois de pesar bem as circunstâncias e poupando o máximo possível suas inestimáveis aptidões. Que sorte! Um altruísmo sabiamente limitado, uma dedicação bem entendida: é esse também o dever do médico, quando ele é um especialista na mais rara especialidade. Não se trata da loucura do sacrifício, mas simplesmente de uma boa gestão e de uma sábia economia. A única regra, num caso assim, é o interesse da maioria. É a própria filantropia que nos dita um egoísmo racionalmente justificado, que nos receita as intervenções a conta-gotas. E não é um vão jogo de palavras dizer: o racionamento, para os seres finitos, é uma solução racional. Nossos deveres para com o gênero humano são conciliados o melhor possível com nossas possibilidades. Não há nada a dizer contra esse raciocínio bem-vindo que é o próprio bom senso. A sabedoria utilitária não se baseia numa prudente administração da nossa finitude? Falávamos de uma situação privilegiada! Mas privilegiada em quê? Naquilo que não implica nenhum caso de consciência, nenhuma colisão de deveres incompatíveis, nenhum conflito de obrigações contraditórias. A insolúvel aporia é resolvida com isso? Falando propriamente, não há mediação conciliadora: a contradição é na mesma hora eludida, ou melhor, é niilizada de antemão, reduzida ao estado de pseudoproblema; mal a alternativa e o dilema que dela decorre começam a surgir e já azedam. O problema nem sequer terá tempo para se colocar. O insubstituível especialista poupa sua insubstituível competência e, justamente por isso, trabalha para o gênero humano! Se se trata de fato de uma solução, há que confessar que é uma solução totalmente adialética – digamos mais: é uma sorte inesperada, uma boa dita milagrosa. Quem encontrou o meio altruísta por egoísmo ou, reciprocamente, obteve a permissão de pensar em si mesmo em nome do desinteresse e de viver para si mesmo em nome da filantropia, este acumula todas as vantagens ao mesmo tempo; nele se consuma a coincidência providencial cujo nome é Harmonia; a filosofia do otimismo foi concebida em sua homenagem e para justificar a sua chance. O direito ao desenvolvimento e à conservação do seu ser-próprio tornou-se de certo modo seu dever. Feliz, mil vezes feliz o benfeitor que, trabalhando para si mesmo, trabalha *com isso* para a humanidade! Nada lhe falta! O bem-aventurado benfeitor não conhecerá nem o remorso, nem os escrúpulos da má consciência; a renúncia ao seu ser-próprio lhe será poupada; ele se eximirá das opções dilacerantes, do sacrifício e da tragédia; ele é dispensado de pagar o imposto chamado alternativa. Ele está em paz consigo mesmo.

A coincidência do direito e do dever não tem o mesmo sentido, conforme se trate dos deveres do médico insubstituível ou dos deveres para com os entes queridos. No primeiro caso, a consciência de ter certos direitos pode dissimular uma subintenção egoísta, um pensamento oculto clandestino e, às vezes, até mesmo inconfessável, que se esconde bem no fundo do seu foro íntimo: a motivação secreta é então uma filáucia camuflada por honoráveis escrúpulos... O insubstituível doutor nem por isso deixa de prestar seus insubstituíveis serviços: tem-se assim uma motivação oficial e não faltam boas razões para justificá-la: condenada à hipocrisia pelos artifícios subterrâneos do egoísmo, a gloriosa motivação está no entanto longe de ser um simples pretexto ou um sofisma de circunstância... Longe disso! Por mais suspeito que seja, o dever que se invoca é perfeitamente legítimo; esse dever talvez seja uma aparência, mas a aparência é racionalmente fundada. E vice-versa: em relação a meus próximos, não sou apenas o insubstituível técnico, o grande feiticeiro cujos préstimos todo o mundo disputa, sou o único que os laços do amor mais terno unem a seres particularmente caros; estes têm as mesmas necessidades da minha vida para sobreviver: não que eu assuma hipocritamente a ótica deles e aplique a mim mesmo a linguagem do altruísmo, utilizando no lugar de outrem o discurso de outrem: é espontaneamente e de todo o meu coração que quero a felicidade deles; não cabe mais aqui distinguir um foro interior que cochicha baixinho de um dever que se proclama em alto e bom som; não há apenas o meu interesse sincero e apaixonado por outrem; e esse interesse desinteressado é tão eloqüente que ele me inspira não apenas a minha dedicação absoluta à segunda pessoa, à pessoa de amor, mas, paradoxalmente, a própria limitação dessa dedicação e a suspensão dos meus esforços, quando não a aparente negação tornada necessária por minha finitude; essa contradição não provém de um pensamento oculto, ela não é uma artimanha que nos permitiria reservar nossos direitos – de maneira nenhuma e muito pelo contrário! É a seriedade heróica de um amor sincero que me ordena querer, com a felicidade do amado, os meios desse querer. A tal ponto a minha solicitude é delicada... Aqui também a compenetração íntima do amor infinito e do desejo de viver ou sobreviver afasta *a priori* todo caso de consciência; imediatamente, sem trapaça nem sofisma, sem nenhum raciocínio, a obrigação de viver que me incumbe em virtude do dever de assistência está analiticamente contida nesse amor e nessa assistência. É o amor que imperiosamente me ordena preservar meu ser-próprio e continuar vivo; é o próprio amor que me suplica que viva, por amor ao amado. E, vice-versa, é muito mais o desespero do suicida que, sob as aparências da coragem, é tentado pela deserção, pela covardia e pelo abandono da sua posição – em definitivo, pelo egoísmo. Não somente o candidato ao nada não tem, literalmente, o direito de se niilizar a si mesmo, mas não tem tampouco gosto nem suporta a idéia de fazê-lo, por pouco que pense na tristeza dos seus. Minha vontade apaixonada de viver para os meus, de os auxiliar, de nunca os abandonar, de me dedicar de corpo e alma à sua felicidade e à sua salvaguarda é forte o bastante em todas as circunstâncias para me reter na alegria de existir. Quanto à inefável doçura de viver, quanto à permissão de ainda conhecer a luz do dia, basta que não tenhamos expressamente pedido todas essas bênçãos: continuar a viver é, então, uma graça que nos é feita, um presente extra que nos é dado – e é o mais belo de todos os presentes.

6. A boa média

Amar ou ser? Amar renunciando a ser, como aquele que aceita ser todo amor, ou se comprazer na espessura do ser renunciando ao amor? Esse dilema insolúvel, se não comporta nenhuma solução lógica, nos deixa entretanto algumas escapatórias. Para possibilitar o impossível, para escapar da alternativa a que o reduz sua contradição vivida, em que o encerra seu paradoxo interior, o ser ao mesmo tempo moral e finito, o ser finito-moral dispõe mais particularmente de quatro álibis: primeiro, a *boa média*, que é principalmente uma artimanha e não implica diretamente a ambigüidade, mas sim a mistura e o aproximativo; segundo, o face-a-face imóvel, pregado no mesmo lugar pela *neutralização mútua* do amor e da morte, do dever e do ser, face-a-face que deixa finalmente a última palavra à própria morte, que não é uma escapatória, mas, ao contrário, um bloco, e que é indiretamente o meio de eludir toda e qualquer solução; terceiro, a sublimação ascética, que busca uma resposta para a questão "até onde", não no aproximativo, mas no infinitesimal e no *quase-nada*; e, enfim, o *batimento alternativo* que poderíamos comparar com um fenômeno vibratório. Entre esses quatro álibis, o primeiro, seja ele racional ou aproximativo e tateante, às vezes parece uma solução. O segundo, o amor bloqueado *in loco* pelo ser, o ser sacrificado *in loco* ao amor, uma coisa e outra simultaneamente, é o contrário de uma solução, pois ele se atém ao bloqueio, isto é, à imobilização geral. Somente o terceiro é uma verdadeira escapatória, mas não às escondidas: é uma evasão no infinito. O quarto é, se podemos dizer, uma evasão sem sair do lugar.

O primeiro álibi se oferece para nos dispensar da opção vertiginosa que uma alternativa sem saída nos impõe: de longe, a neutralidade pode parecer um acúmulo; de longe e *grosso modo*, "nem um nem outro" (*neutrum*), isto é, a indiferença, de um lado, "um e outro", de outro lado, parecem quase indistinguíveis ou, pelo menos, dão na mesma... Após a alternativa dilacerante do tudo-ou-nada, o otimismo volta a esperar: talvez ainda haja belos dias e um belo porvir para o que chamamos de boa média. O otimismo pretende assim se estabilizar no ótimo de uma boa média situada a meio caminho entre o ser e o não-ser. Para reduzir a desproporção entre nossos recursos físicos, que são limitados, e a exigência moral, que é infinita, deveremos nos ater à idéia de uma dedicação média, ou mesmo de um heroísmo médio? Um heroísmo igualmente distante dos dois extremos! Eis um achado tão engenhoso quanto absurdo! Calcular nossa boa média, medir a eqüidistância, dosar um amálgama, misturar prazer e sabedoria, como nos propõe o

Filebo, parecem ser maneiras variadas de resolver um problema insolúvel. Confrontando a filosofia do *justo meio* com o maximalismo moral, nós nos víamos obrigados a confessar que, se esse justo meio, na medida em que é "justo", isto é, normativo, é ele próprio uma espécie de máximo, o "maximalismo" por sua vez nunca sai radicalmente do campo da finitude e da intermediaridade. Aristóteles, teórico da mediedade e do justo meio (μεσότης), visa no centro: porque o espírito de finura não lhe faz falta. Mas a boa média ainda está mais distante dos extremos e do extremismo do que o justo meio, já que ela nem sequer é *justa*! Nem justa nem, muito menos, aguda... Boa ou má, a boa média é sempre média – estatística e aproximadamente média – média, ou antes, mediana! A boa média, adaptada ao impuro e aos compromissos, nunca consegue realizar a grande avançada que lhe permitiria transcender definitivamente este mundo de relatividade e de mediocridade. A própria idéia de um compromisso "posológico" entre o prazer e a exigência moral subentende a finitude intrínseca do dever: de fato, a pergunta *quanto?* (πόσον) supõe que o gozo egoísta e o dever infinito são comparáveis e comensuráveis e, numa palavra, fundamentalmente homogêneos; no mesmo plano e da mesma ordem; identificáveis na mesma escala. Porque ambos são supostamente quantificáveis. Algumas gotas de altruísmo a conta-gotas num oceano de egoísmo para compor a mistura... ou então, se quisermos ser mais precisos e, por conseguinte, mais normativos, um pouco de ser, um pouco de amor; a mesma quantidade de um e de outro! Misturar com cuidado. Observe-se, é verdade, que afinal de contas a simbiose da alma com o corpo também é um complexo de tendências discordantes e até contraditórias, e que esse composto, não obstante, é vivido como uma coisa simples, que essa dupla vida é uma só e mesma vida, que essa cacofonia é incompreensivelmente percebida, apesar das suas dissonâncias, num acorde único... Ora, seria esquecer a que ponto essa contradição psicossomática tão paradoxalmente viável é, em definitivo, inviável – inviável e insuportável; inviável e, ao mesmo tempo, derrisoriamente viável! Apesar da ambivalência, ou antes, por causa dela, os incompatíveis permanecem fundamentalmente incompatíveis: mais cedo ou mais tarde a morte porá cruelmente a nu a fragilidade intrínseca dessa instável estabilidade. Essa situação tensa, dilacerada, dramática se parece com a de dois cônjuges que não podem viver nem juntos nem separados, nem um com o outro nem um sem o outro, e que se repelem atraindo-se; eles só têm escolha entre duas formas de infelicidade. Não é uma situação *passional*? Situação que nunca é regida por um contrato e que, portanto, não é totalmente estável. Com maior razão, o mesmo vale do ponto de vista moral, se é verdade que a moral, por definição mesmo, exclui toda e qualquer neutralidade. Nem com nem sem. Nem um nem outro! Qualquer pacto, nesses assuntos, é uma trapaça; qualquer acúmulo, um logro e um fingimento. "Assim, porque és morno (χλιαρός), e não és frio nem quente, vomitar-te-ei da minha boca."[13] Uma mornidão que exclua todo conflito porventura não é mais que indiferença, enjoativa adiaforia? É com a condição de ser dilacerada e insuportável que a simbiose é vivida!

---

13. Ap 3, 16.

7. Neutralização mútua

Devemos acaso pensar que o dever e o ser se enfrentam em pé de igualdade, como se enfrentam o amor e a morte, isto é, fora de qualquer mediação dialética? Jogo empatado e insolúvel "isostenia": eis a perspectiva que nos oferece a segunda escapatória. As relações entre o dever e o amor com o ser parecem paradoxalmente análogas a suas relações com a morte. O dever, por estar a serviço dos valores, supera infinitamente os limites do ser; a morte, em muitos casos, poderia se apresentar como um fato corriqueiro, como um detalhe anedótico, um acidente físico que arranha, ou maltrata, ou traumatiza o corpo, mas aparentemente não tem nada a ver com a axiologia; o valor, diz-se, é indiferente dessas contingências derrisórias. No entanto, é evidente que a vocação do ser moral é fazer ser o devendo-ser e, para esse fim, perseverar ele próprio no ser: a consumação efetiva, no caso o advento histórico de um valor, é ela própria a razão de ser elementar do devendo-ser. A filosofia do dever seria uma simples comédia se dissertasse sobre o dever considerado no absoluto, esquecendo o ser desse dever-ser: uma vez posto o ser entre parênteses, teríamos de nos haver somente com um dever penoso, com um dever em si e que nem sabe *o que* deve se tornar. A coisa importante, a única que conta, é a resposta à pergunta: que devo realizar? Em outras palavras: que devo fazer ser? Porque o ser moral tem por vocação fazer ser o que ainda não está dado, fazer ser o devendo-ser; o devendo-ser não está destinado a se tornar um devendo-ser fantasmático até a consumação dos séculos: o devendo-ser é feito para se consumar um dia na terra. E, assim, o valor é decerto a *razão de ser* do ser, já que sem o valor o ser não mereceria nem mesmo existir, não teria direito à existência, já que sem o valor o ser não valeria a pena ser vivido; sem o valor o ser não seria o que é... A vida não vale nada sem as razões de viver; mas o que são razões de viver sem uma esperança de vida, sem uma vida pelo menos virtual e futura? Ora, o ser por sua vez também é a razão de ser do *dever-ser*, razão de ser não racional ou nocional, razão de ser não jurídica ou ideal, mas vital. Essa cláusula da efetividade indica, ela própria, um dever, o mais imperativo de todos os deveres: se ela não é propriamente axiológica ou normativa, é no entanto drástica, sem ser transparente, porque exprime uma exigência de advento. E inversamente: a morte acidental de alguém na esquina é um incidente brutal privado de qualquer significação normativa, um acaso cego, como são às vezes os acidentes "de trânsito"; e, no entanto, esse acidente absurdo talvez faça alusão a um mistério que o santifica: ele nos obriga a meditar sobre o mistério do destino.

Em virtude da mesma reciprocidade impenetrável: o amor supera infinitamente a polaridade do ser e do não-ser — e, no entanto, o ser é a condição fundamental do amor... que é seu desabrochar; e vice-versa: o amor louco, a despeito das hipérboles, não tem a força de ultrapassar a morte. Amar a ponto de morrer pode ter dois sentidos, um sublime e o outro trivial, e um desses dois sentidos está para o outro assim como, em Platão, a Afrodite urânia está para a Afrodite das esquinas. No sentido sublime, o não-ser do amor, aéreo como o oxigênio, é mais o sobre-ser do que o não-ser; esse não-ser que é sobre-ser é, paradoxalmente, incompreensivelmente, uma vida; uma vida além do ser; uma vida mais vasta que o céu estrelado da esperança. E essa vida, em sua intensidade, é a vida afirmativa por excelência. O amor-paixão, transfigurado pela morte, a crer nos poetas líricos e nos místicos, encontraria no seio do supra-sensível sua consumação: glorificado, purificado pela morte, condensado ao extremo, o ser se volatiliza no braseiro da tragédia; o ser se transforma, dentro de si, em luz.

Mas, no plano da realidade física e prosaica, o ser, na medida em que é compacto, maciço, terroso, é ele próprio uma espécie de morte: o ser, no sentido ôntico, é uma morte em suspensão... Uma vida que é uma morte! Nessa inversão paradoxal, nesse hiperbólico absurdo, reconhecemos a linguagem do *Fédon*; a *Imitação de Cristo* falará a mesma linguagem. Em vida, o ser é ao mesmo tempo tornado mais pesado e acossado pela morte virtual que traz em si e que é seu "órgão-obstáculo". O Cântico dos Cânticos nos diz: "o amor é forte como a morte..."[14]. Note que ele não diz: o amor é mais forte que a morte, porque isso implicaria que o amor tem o poder de nos tornar imortais... O amor é mais forte que a morte, pelo menos pneumaticamente e no sentido figurado e a modo de dizer, mas a morte é literalmente, fisicamente, mais forte, infinitamente mais forte do que o amor... O amor e a morte são mais fortes um do que o outro! De fato, vencedor e vencido, mais forte e mais fraco não têm o mesmo sentido nos dois casos, não têm o mesmo sentido simples e definitivo, unívoco e unilateral que eles têm na guerra ou nos conflitos de forças empíricas: vitória de um lado e, em conseqüência da alternativa, derrota do outro... Comentando a ambigüidade extrínseca, encontráramos o paradoxo de uma *absurda reciprocidade do ser-em*, paradoxo esse que nega escandalosamente e

---

14. Ct 8, 6.

tão insolentemente o princípio de identidade. Nós o chamávamos de paradoxo do englobante-englobado. Porque essa reciprocidade é uma contradição que se autodestrói. Como é que a "axiomática" moral pode ter um valor para o pensamento e legislar em seu lugar, se é pelo pensamento que ela adquire um sentido? E, do mesmo modo, como é que o pensamento pode ser o pensamento de um ser pensante-mortal, se é pelo pensamento que pensamos a morte e a imortalidade? Numa palavra, como é possível estar ao mesmo tempo dentro e fora? Ou, inversamente, como é possível estar fora do tempo se estamos dentro: fora do tempo para pensá-lo e, dentro, envelhecendo? Ora, podemos sim. Plotino havia genialmente compreendido que esse paradoxo é, ele próprio, a resposta, já que é o enunciado puro e simples do mistério transespacial.

E o amor então? O amor (e, com ele, o dever) é ao mesmo tempo mais fraco e mais forte do que a morte: mais fraco, mas não a ponto de se jogar nos seus braços; mais forte, mas não infinitamente. Tem-se a tentação de invocar, como é de uso num caso assim, uma espécie de debate "dialético" em que o amor e a morte se exaltariam um ao outro *em permanente competição*: o amor é ameaçado pela morte e, quanto mais ameaçado, fustigado pelo látego do perigo, mais é apaixonado. É essa a *auction* paradoxal que se manifesta no complexo da ambivalência: o perigo de morte decuplica o fervor do amor, mas o próprio fervor, por contragolpe, torna o perigo mais agudo e a morte quase inelutável, em todo caso iminente, já que o amante pode morrer de amor e já que esse amor pode, assim, se destruir a si mesmo. O quiasma do amor e da morte, complicado por uma espécie de relação em ziguezague, fará compreender melhor como o ser amante repica assim do amor à morte e, depois, inversamente, da morte ao amor. Essa mutualidade bizarra não pára de fazer o lance subir. Deveremos considerar a espessura do ser e, finalmente, a própria morte como o órgão-obstáculo do amor? Sendo a síntese conciliadora – no caso a interpenetração do amor e do ser – principalmente uma comodidade especulativa ou, simplesmente, um álibi que nos remete à filosofia da boa média e da boa consciência, só nos resta, parece, nos contentar com a idéia do face-a-face puro e simples: o ser e o dever, o ser e o amor se entrechocam e se entrenegam, se imobilizam reciprocamente, se impõem mutuamente respeito, se olham como cães de porcelana: não passa nenhuma corrente dialética, nenhum influxo transitivo que relacionaria os contraditórios. Não se passa nada. Situação bloqueada! Essa espécie de equilíbrio não traz nenhuma solução à insolúvel isostenia do amor e do ser, não oferece nenhuma saída à situação estagnante... Ou melhor, sim! Há uma saída, uma saída que é o contrário de uma solução: essa saída é a própria morte. Dizíamos que a morte e o amor, competindo mutuamente para ver qual supera o outro, são indefinidamente mais fortes um que o outro. Indefinidamente? Não! Indefinidamente não. Isso é evidentemente falso. Claro, o ser humano recobra forças amando e redescobre, graças ao amor, uma plenitude vital, uma nova juventude; mas o amor só retarda a data da morte até certo limite: a *hora incerta* é um máximo indeterminado e, no entanto, o fato metaempírico de que há um máximo (a "maximalidade") é em si mesmo insuperável. O amor não nos imuniza eternamente contra a morte. E, ainda que o amor fosse mais forte, não seria da mesma maneira que a morte, nem no mesmo plano, nem no mesmo sentido, nem principalmente no mesmo momento. O amor, desde o seu primeiro ímpeto, até pode ser o mais forte – quase o mais forte –, mas sucumbirá fatalmente à triste verdade da velhice, à incontestável evidência do declínio e, para terminar, à onipotência invencível da morte. As leis de bronze do ser são inexoráveis. O amor, muito embora retarde o envelhecimento, não nos dispensa de morrer: o vivente sobrevive, mas no cômputo geral a vitalidade recua, e sua defensiva se estabelece cada vez numa frente mais curta, reduzindo suas pretensões. E, sobretudo, para amar é preciso ser. Essa condição, que parece uma verdade de La Palice, é evidentemente a mais geral e a mais necessária de todas as condições. Se não há mais ser amante, se não há mais sujeito substancial, como ainda haverá um amor? Um amor sem ninguém para amar? Um amor sem sujeito amante? Um amor penoso? Enquanto não podemos ver como o amor *se consuma* na morte, lembremos pelo menos que o próprio amor *leva* à morte, já que se pode morrer de amor! Loucamente, paradoxalmente, o próprio amor tende para seu próprio não-ser. Mais forte no início e, no fim das contas, mais fraco: assim é o amor; é o tempo irreversível da vida que faz a insuportável contradição vencedor-vencido estourar e que mostra (sem explicar) como o cutelo do destino corta em pleno ímpeto a esperança de um destino infinito. Mais simplesmente: o destino cego põe fim ao destino aberto. Na medida em que o amor prevalece no início e a morte no fim, não podemos considerá-los simétricos, nem mesmo dissimétricos: simetria e dissimetria são, na verdade, estruturas espaciais, e essas estruturas só teriam sentido se o começo e o fim fossem dados juntos; ora, quando o começo está dado, o fim ainda não existe, e, quando o fim está dado, é o começo, solenidade póstuma, que não existe mais; o ainda-não e o não-mais são, de fato, os momentos de um tempo irreversível, momentos essencialmente incomparáveis e incomensuráveis: pretender que o segundo é o inverso do primeiro é projetar duas eras sucessivas na ordem da coexistência e da simultaneidade... Vale dizer, nesse mesmo sentido, que o nascimento é uma morte ao revés e a morte, um nascimento ao revés! Um amor mais forte que a morte, uma morte mais fraca que o amor: são maneiras de falar metafóricas; mas a onipotência da morte, ao só considerar a empiria prosaica, é aparentemente a verdade literal. E não só a última vez decide tudo, e não só a última vez é a única que conta, mas, quando essa última vez é a morte, uma só vez basta: uma só vez, uma só feita, uma só tangência... E tudo acaba num instante e para sempre! A primeira vez será também e *já* a última, a última vez *ainda* era a primeira: primeira e última na eternidade e por toda a eternidade; não só última, mas "primúltima"; não só definitiva, mas "semelfactiva". Toda repetição aqui é inútil, ou mesmo contraditória: porque a simples idéia de que se possa morrer duas vezes é, em si, absurda.

O face-a-face entre o amor e a morte, entre o dever e a morte, excluindo toda reciprocidade verdadeira, nos acua assim num beco sem saída. O *cada-vez-mais* deixa então de se apresentar como um sinal de vitalidade e como um crescendo passional: ele não passa de um sintoma de febre e de um leilão frenético; ele esbarra em último recurso, em última instância, na barreira da morte; é a falência suprema, o tombo final no nada. A morte, fatalmente, tem a última palavra; a palavra do fim – é o caso de dizer! –, a palavra do fim que nos tapa incompreensivelmente a boca e nos amordaça por toda a eternidade. A morte faz calar de uma só vez as palavras de amor e os imperativos do dever. E para sempre. A morte, e ponto final! Em seguida (mas dá para dizer "em seguida"?), em seguida o silêncio e a escuridão, e ao cabo de um certo tempo o esquecimento. Quanto ao resto... Mas o que resta? O próprio eco aparentemente morreu... A lembrança póstuma é submersa pelo oceano do desconhecimento e pelas areias da indiferença. Será que também estaria morta a vibração morrente da fermata, na qual o vivo parecia sobreviver?

8. Até o quase-nada. O ser-mínimo

Já que a opção moral não pode ser nem modelada pela filosofia estática da boa média, nem resolvida pela mira aguçada do justo meio, nem eludida pela neutralização mútua, interroguemos pelo menos o extremismo ascético que vai *até o* fim da mortificação. Pois o problema de fato é este: *até onde* o homem da abnegação e do altruísmo extático pode levar a extenuação do seu ser-próprio, a risco de ele próprio se abismar no não-ser e, por conseguinte, aniquilar o próprio altruísmo ao mesmo tempo que o altruísta? Como ir, pondo em risco a própria vida, *até a* orla extrema do *quase*-nada, tomando porém todo o cuidado para não ultrapassar o limite irreversível que separa do nada esse quase-nada? O enfoque assintótico do limite, após o qual o ser amante se aniquilaria no amor, limite graças ao qual o amante coincidiria extaticamente com o amado por fusão unitiva sem ter tempo de reviver nele – esse enfoque misterioso e silencioso, esse enfoque furtivo não se parece em nada com os *mais-ou-menos* estáticos e triviais da boa média. A boa média não sabe nada do espírito de *finura*... Ela só conhece a aritmética! Mais simplesmente, conviria sem dúvida distinguir duas modalidades do *quase*: o *mais-ou-menos*, com que se contenta o senso comum, e a *aproximação* infinita; esta é a abordagem contínua, para um espírito que está sempre mais perto da meta e, ao mesmo tempo, sempre tão longe! Por oposição aos tenteios grosseiros e obtusos dos vendedores de tinta, esse enfoque é principalmente um movimento do espírito de finura: mais leve e mais imperceptível do que a sombra de uma sombra, o espírito de finura é um espírito agudo, um espírito *prestes a*; ele se move em segredo como por fluxões infinitesimais. O quase-inexistente ainda existente, o existente já quase inexistente se refugia por amor na existência mínima ou infinitesimal, isto é, na existência menos existente possível; o amante se faz pequeno, o menor possível, até desaparecer, e corre assim o risco de não mais existir... Porque é um risco a correr! A *áskesis* não é portanto um exercício de repouso! Quando o existente, à força de humildade amorosa, está prestes a se tornar totalmente inexistente ou, pelo menos, *quase* inexistente, ou pelo menos *apenas* existente, o problema do ascetismo vai, com isso, se volatilizar; e a catarse não terá mais razão de ser: o existente está, então, em instância de sublimação! Se não se tratasse de moral, mas de virtuosismo, dir-se-ia que o terceiro meio de evasão requer muito esforço ou, mais exatamente, muita habilidade. O jogo com o perigo da morte é um jogo acrobático. Como a intuição se aproxima bastante da realidade candente e, depois, *prestes a* ser consumada por ela, se retira e toma distância, assim o amante louco de amor, prestes a se sacrificar, se contém no último momento, cede a uma espécie de egoísmo infinitesimal e consegue sobreviver. O amante que *quase* morreu pela amada guarda da margem distante não uma lembrança, pois nunca pisou lá, mas uma confusa reminiscência, pois pelo menos aflorou a margem ulterior. A abnegação tende de certo modo assintoticamente ao zero do não-ser: esse zero é o limite das renúncias, e a abnegação torna-se indistinguível da niilização pura e simples tão logo se produz a tangência fatídica. O derradeiro instante, por estar no limite do humano e do supra-humano, de fato é sempre ambíguo; nessa anfibolia da ultimidade, o ser e o amor coincidem no paroxismo agudo da sua incandescência. Esse paroxismo é o raio fulminante do sacrifício. *Usque ad mortem*, ἕως θανάτου[15]: até a morte, mas aquém; até a morte, mas além. São esses os dois *até*, confundidos num só instante, entre os quais o amor hesita quando está a ponto de dar o salto mortal. Até a morte, estando a morte excluída; ou ainda: até o último instante, com exceção desse último instante mesmo – o último instante é muito mais o penúltimo que o último, e até mesmo muito mais o antepenúltimo que o penúltimo; é *a posteriori* e no futuro anterior que o derradeiro suspiro mostra ter sido o último, pelo fato de que não haverá mais outros depois dele! Digamos melhor: o derradeiro instante é muito mais extremo do que supremo; a abnegação desse altruísta-acrobata é uma quase-abnegação, uma abnegação que reserva algo, guarda no íntimo um pensamento oculto, uma pequena probabilidade de sobrevivência; o desesperado espera que a Providência tenha armado em segredo, em algum lugar, uma rede invisível para aparar aquele que despencou do salto mortal, e essa esperança é tão impal-

---

15. Mt 26, 38; Mc 14, 34; Pascal, "Mistério de Jesus" (*Pensées*, VII, 553): noite de Getsêmani. Trad. brasileira, *Pensamentos*, São Paulo, Martins Fontes, 2005.

pável quanto a própria rede; ela especula talvez sobre o milagre da última chance: no momento de cair no vazio, imagina a glória... quase póstuma que alcançaria, se escapasse. Ousaremos dizer que, no sacrifício mais sincero, às vezes existe uma espécie de trapaça imperceptível (e tão desculpável!) e como que uma esperança totalmente pneumática... O desesperado se parece, em suma, com um acrobata intrépido cujo desempenho faz nosso coração disparar, mas não é nem um mártir, nem um herói: falta-lhe para tanto o minúsculo intervalo de tempo, o suplemento infinitesimal de resistência que teria feito da sua dedicação um sacrifício; falta-lhe transpor efetivamente o limiar da morte. A dedicação a outrem é portanto uma dedicação aquém da morte, uma dedicação intravital, e a vontade que a assume permanece na imanência. Uma dedicação que se estende à totalidade da existência, excluindo porém o dom supremo, isto é, excetuando da doação o dom da sua própria vida, essa dedicação limite pode ser chamada de *seriedade* e é, de certo modo, secular. Mesmo que "total" (quase total!), a dedicação ainda é um dom partitivo, um dom que dá alguma coisa retendo outra coisa; seu gesto é, ao mesmo tempo, eferente e aferente – ou, melhor ainda: o que ele dá se define em relação ao que ele conserva; como a afirmação em relação à recusa, o dom empírico é, de fato, relevante.

Mas um dom verdadeiramente total, um dom que não "daria" isto ou aquilo, este ou aquele haver determinado, que seria antes um dom de todo o ser-próprio, oferecido pelo próprio ser, um dom que seria, ao pé da letra, um dom-de-si, como pode ser concebido? O derradeiro instante é extremo como o precedente e coincide com ele, mas é, além do mais, o artigo supremo; a decisão desesperada que o assume não é tão *séria* quanto *apaixonada;* a contradição o habita. A dedicação que se devota de corpo e alma até a morte, inclusive, chama-se sacrifício. O sacrifício é uma abnegação que renuncia a tudo e assume todas as provações, inclusive a morte. É aqui que nos espreita a monstruosa, a implacável, a absurda lógica do ascetismo, para nos atormentar com seus escrúpulos e seus remorsos. Enquanto lhe restar uma gota de sangue e um sopro de vida, você deve transfundir essa gota e esse sopro na vida moribunda do seu irmão para reavivá-lo. Mas, e se essa gota fosse a última? A mesma questão continua a nos obcecar: até onde o altruísta *pode, deve* ir na rarefação do seu ser-próprio? A finitude do poder corta cegamente a infinidade do dever. Moralmente devo ir ao infinito: não há razão moral de parar. O sofisma do *acervus ruens* será nosso último recurso? Mas, fisicamente, temos de nos deter antes que a morte sobrevenha. A que momento deter-se? E por que em tal momento em vez de em outro? Os tímidos e os delicados param antes do necessário; quem pára cedo demais, com uma margem demasiado confortável, e que está imperceptivelmente, invisivelmente apressado em acabar logo, este não é um altruísta sincero; e o mártir que pára tarde demais, isto é, além (ἐπέπεινα), o mártir arrebatado por sua vertigem, já soçobrou na noite da "demoníaca hipérbole" e da outra ordem. A fronteira entre ambas é uma linha trêmula e infinitamente ambígua; entre ambas, a extrema boa vontade, louca de amor, joga cautelosamente: porque a tensão é aguda. Por isso dizíamos que a boa vontade é apaixonada: ela vai tão longe quanto possível; melhor, o mais perto possível do seu próprio não-ser, tanto quanto suas forças lhe permitem e até o limite das suas forças, e no entanto aquém desse limite, mas não com a intenção expressa de permanecer aquém; e tudo isso sem que nunca se possa responder de maneira unívoca à pergunta: *até onde?* Sua sobrevivência é, portanto, uma espécie de graça, ou melhor, uma sorte milagrosa. Nas respostas do ascetismo à pergunta *até onde*, a vitória limite do amor evoca uma glória distante, ou melhor, um horizonte místico: acreditamos entrever esse horizonte ao fim de uma extenuação infinita do ser-próprio – extenuação, ou antes, sublimação que vai ter como fim o mistério do impalpável; a existência em pontilhado, de tanto se extinguir no quase-nada, acaba desaparecendo; o pianíssimo não é mais que um sussurro, depois morre no silêncio; o amor, de tanto amar, espiritualiza ao extremo nossa substância ôntica; o ser, pela virtude do amor, se faz cada vez mais transparente; o amante se torna, por inteiro, amor. A preponderância do dever sobre o ser também tem um sentido pneumático, assim como a vitória do amor. A sublimação não desemboca no nada, mas numa esperança.

9. O batimento oscilatório

Por não podermos acumular em ato o ser e o amor sob a forma da boa média, restava-nos o bloqueio no equilíbrio estacionário (com o marasmo e a morte como única saída)... se é que um bloqueio é uma escapatória! E, afinal de contas, nossa última (penúltima) saída era a fuga até o quase-nada. É a pré-derradeira solução! O homem que se refugia até na existência infinitesimal aproxima-se dela por uma aproximação infinita, regular ou não, retilínea ou não, mas sempre progressiva e orientada; e essa aproximação pode durar até o fim dos tempos! Dessa aproximação, distinguimos enfim a quarta escapatória: a evasão sem sair do lugar. Fuga para o horizonte, fuga sem sair do lugar (se ousarmos assim dizer): ambas encontram a solução no movimento e na temporalidade; essa solução evasiva ou cinemática nos permite escapar do dilaceramento; mas o movimento para o infinitesimal vai a algum lugar: algum lugar no inacabado, por certo, mas algum lugar assim mesmo: é um movimento que avança, que tem portanto uma vocação e um horizonte; enquanto o movimento no mesmo lugar não vai a lugar nenhum. Esse movimento no mesmo lugar é um movimento de ida e volta, de vaivém, que vai de um ao outro e volta do outro a um, e a toda velocidade: porque o movimento é tão rápido que evoca, no limite, a imagem de uma vibração. Na medida em que, por seu ritmo alternativo, implica a volta, exclui a fuga amorosa, a fuga mística no êxtase do quase-nada; ela se consuma na imanência. A *alternativa* do amor-sem-ser e do ser-sem-amor adota no tempo o ritmo de uma *alternância* precipitada. Como essa alternância, globalmente, equivale a um ciclo, não sabemos por onde começar, por onde terminar. Mas, como há que começar por alguma coisa, tomemos como ponto de partida o amor-sem-ser: a cada instante, roçando o não-ser, o amante está a ponto de se aniquilar; mas, no exato momento em que se dissolve no êxtase da sua amorosa inexistência, no momento em que, por identificação unitiva, ele se torna outro, no momento em que o amante se perde no amado, nesse exato minuto o amante está prestes a se adensar, a se encorpar; o amante ganha peso e consistência. O quase-nada, que quase acabou por não ser mais nada e desaparecer no anonimato de um amor cosmogônico, impalpável como o éter, retoma força: o risco que ele corre agora não é mais o risco da perdição amorosa, mas o da degeneração adiposa; o monstro que o ameaça se chama emburguesamento. De fato, ao fim desse processo não há mais que o ser-sem-amor. A partir daqui, o processo se inverte e o ponto de chegada do precedente se torna o ponto de partida do seguinte: o movimento que nos traz de volta do ser-sem-amor e ameaçado de sufocamento ao amor-sem-ser é o mesmo processo de volatilização e de rarefação ascética de que falávamos ao descrever a terceira evasão; o ser, reavivado e já sublimado pelo sopro do amor, se torna por sua vez um quase-nada – não mais o quase-nada inicial que encetava a condensação e a degenerescência, mas o quase-nada terminal que anuncia a glória do amor pneumático. Como é, ao mesmo tempo, ser e amor, egoísmo ôntico e dom de si, o *ser-amante* nunca faz uma permanência de longa duração nem no país da egoidade nem no país da abnegação: é no mesmo instante que o amor-sem-ser se altera em ser desprovido de amor, degenera e se emburguesa; e, inversamente, é também num só instante que a graça do amor nos aflora, com um toque ou, melhor dizendo, uma tangência infinitamente leve; e esses dois instantes são um só e mesmo instante, um só e mesmo aparecimento desaparecente, considerado ora como desaparecimento, ora como aparecimento, conforme a vertente que escolhamos; e, como o primeiro quase-nada não encetava nenhuma decadência irremediável, o segundo não anuncia nenhuma conversão duradoura. Tudo acontece furtivamente e como que num relâmpago, nesse instante-centelha que é, ou a primúltima cintilação, ou a emergência do quase-nada; imediatamente depois ou antes do qüinquagésimo nono segundo do qüinquagésimo nono minuto da undécima hora (aqui, antes e depois dão na mesma, coincidem num mesmo ponto), o clarão do amor se apagou-acendeu, desapareceu-apareceu na espessura do ser. Isso diz o bastante sobre a instabilidade suprema, a extrema fragilidade do superlativo que, na linguagem de Fénelon, chamamos de puro amor. O puro amor só é puro durante um instante, isto é, está fora de toda duração: no instante anterior, ele ainda era impuro; um segundo mais tarde, será de novo impuro. Tentávamos explicar o *paradoxo da neutralização mútua*, a do amor pela morte, a da morte pelo amor e, nesse mesmo impulso, o *paradoxo da absurda reciprocidade*; nesse duplo paradoxo, encontraríamos sem maiores dificuldades o *mistério da asseidade*: o ser-amante é *causa sui* enquanto amor, efeito de si enquanto ser. Aí está a absurda contradição que explica o inexplicável do movimento e da liberdade. Esse círculo vicioso não é libertador? Aqui também Bergson seria nosso guia. A libertação talvez esteja no fim da quarta evasão, mas com certeza não da segunda; porque a segunda, lembremos, está bloqueada pela morte e, como tal, é sem dúvida uma escapatória miserável e um subterfúgio; não é uma evasão infinita...: na vibração da duração é toda a continuidade temporal que é levada indefinidamente de cada instante ao instante subseqüente, pelo repique da causalidade circular. Petrarca, de "triunfo" em "triunfo", nos conduz até o sexto, o único que nunca engana, não frustra nenhuma esperança, o único que, após o Juízo Final, nos trará uma glória eterna: após as vitórias relativas e provisórias da finitude, as vitórias do amor e da morte, do tempo e das glórias temporais, eis a vitória das vitórias, a vitória derradeira e suprema, a vitória soberana que é o referencial de todas as outras! Mas nós, aqui na terra, não pedimos tanto. Diríamos antes: nunca há vitória definitiva, nunca há vitória unilateralmente vitoriosa, como na guerra; de perpétuo, só há a própria alternância da vitória e da derrota; e só há, portanto, vitórias instantâneas, ritmando uma ondulação eterna ou uma eterna circularidade. Essas vitórias instantâneas são, aliás, uma espécie de milagre repetitivo. Afinal de contas, não é a própria vida esse milagre continuado? Milagrosamente resgatado, e no último momento, no não-ser do amor, milagrosamente reavivado, subtraído por um salvamento *in extremis* do sufocamento do ser sem amor e sem oxigênio, o ser-amante é um contínuo miraculado, um salvado de cada instante e de cada fração de segundo. Dois tropismos contrariados se combatem em seu coração de ser-amante: primeiro, a tentação da sedentariedade, da boa consciência bem contente e do bom sono: é a parte do ser-sem-amor; depois, das qualidades que são defeitos e que a moral burguesa reprova: é a parte do amor-sem-ser, e essa parte está na origem de tudo o que, em nós, é ambivalente, ambíguo e passional. Conforme a Diotima platônica, Eros recebe essa herança ao mesmo tempo de Penia, sua mãe, por ser ela vagante e mendiga, e de Poros, seu pai, por ser ele caçador emérito, caminhante incansável (ἴτης)[16] e aventureiro intrépido. O ser-amante está a cada instante ameaçado por uma ou outra dessas duas mortes, por uma ou outra dessas duas asfixias que o espreitam: ora, por falta de ser, ele morre de inanição; ora, por falta de amor, morre de repleção. Ele está o tempo todo prestes a perder a metade de si mesmo.

A disputa sem saída entre o amor e a morte nos faz pensar num ziguezague, mas essa disputa bruscamente se interrompe. O batimento alternado, que nos dispensa de responder com um sim ou um não, de querer um ou

---

16. *Banquete*, 203d.

outro e de escolher entre duas coisas, desenharia por sua vez como que um gráfico em forma de dentes de serra: a alternância vibrante embota e atenua a alternativa incisiva. Impedida por sua finitude de ir até o fim do que quer que seja, notadamente de ir até os extremos, e no entanto recusando cochilar na quietude de uma boa média que ela transfigurou em justo meio, a vontade moral oscila do corporal ao espiritual: é aparentemente tudo o que ela pode fazer. Os dois obstáculos contra os quais ela sucessivamente repica, os dois marcos contra os quais ela vem bater, enfim os dois extremos que a remetem um ao outro medem, de certo modo, a amplitude da sua oscilação.

O caráter metafórico e, por conseguinte, um tanto ou quanto estetizante dessa representação tem sem dúvida algo de suspeito: uma analogia não implica necessariamente uma tomada de posição moral. A não ser que fugir sem sair do lugar seja "tomar posição"...! Uma escapatória, uma perpétua evasão – eis justamente o que chamamos de um vaivém! Incapaz de se fixar, dir-se-ia que a vontade moral é buscada e, de certo modo, acossada pela incompatibilidade dos dois contraditórios, cada um dos quais a repele para o seu *vis-à-vis*; a vontade supostamente moral está sempre alhures, ora aqui, ora ali, aqui quando a cremos mais longe, e em definitivo em lugar nenhum e em toda parte, as duas coisas juntas. *Ubique-nusquam!* Mas, se o movimento vibratório, apagando os rastros, passando a esponja em toda finalidade e na intencionalidade em geral, era ele próprio a única escapatória, com razão responderíamos: não se pode apagar a alternativa, a não ser evacuando a vida moral inteira; essa "solução" é muito mais uma ilusão de ordem psicológica, uma maneira de estontear a consciência: como o tempo de reação e o prazo imputável à inércia tornam mais lenta a formação das imagens, a impressão precedente se demora na seguinte e a seguinte marca as precedentes; a própria rapidez da sua sucessão dá o troco e favorece a impressão de continuidade e a ilusão do acúmulo. No entanto não transcendemos a alternativa! Essa pseudocontinuidade não será um efeito da vertigem? Todas as coisas vibram, dançam e rodopiam, como o mundo rodopia em torno do dervixe e ao mesmo tempo que ele... Essa fusão de imagens carregadas pelo movimento, fusão que resolveria os dilemas morais, é sem dúvida uma ilusão impressionista, um passe de mágica mais ou menos decente e, talvez até – quem sabe? –, uma escamoteação. A síntese das cores em fusão na brancura tem pelo menos uma realidade física que falta à síntese fantasmática de um bem e de um mal misturados e confundidos, pelo efeito da velocidade, no turbilhão das qualidades. O mais-ou-menos que caracteriza a boa média estática e o mais-ou-menos que resulta da mixagem cinemática acabam portanto se confundindo. Bergson denunciava a ilusão "cinematográfica", geradora de sofismas e de pseudoproblemas; ele teria sem dúvida criticado as vontades flutuantes, as duvidosas vontades incapazes de se fixar, as vontades que vão e vêm como a "peteca entre duas raquetes". Bergson defendia em qualquer circunstância o rigor "nominalista" e a particularidade unívoca vivida na existência concreta e determinada do percebido. O movimento vibratório não embota, não apaga a polaridade qualitativa da boa e da má intenção; embora essa polaridade nunca seja maniqueísta, a opção aguda ainda transparece através do *flou* da ambigüidade; através das fluxões infinitesimais, uma vontade ainda se afirma, e essa vontade escolhe seu lado inequivocamente: a vontade era um espírito de finura, e o espírito de finura ainda é uma vontade. É esse, sem dúvida, o paradoxo genial do bergsonismo, paradoxo cuja paradoxologia decorre da impossibilidade de exprimir racionalmente um mistério: no mais íntimo recôndito da continuidade descontínua e da ambigüidade inambígua é, de fato, o mistério da temporalidade que se esconde. A oscilação entre o amor e o ser, entre o dever e o ser, não é, portanto, nem um simples capricho, nem o sinal de um amadorismo versátil. Estreitos são os canais em que temos de navegar entre o amor-sem-ser e o ser-sem-amor. O avanço trôpego do ser-amante nesse estreito em que os contraditórios o arremessam um ao outro resulta às vezes numa assustadora trepidação sem sair do lugar; com maior freqüência, talvez, ela deixará adivinhar os batimentos de um terno coração. A música exprime isso no *tremolo*. Essa vibração trêmula, nostálgica, apaixonada como um soluço, atesta um dilaceramento trágico que não temos o direito de futilizar; esse dilaceramento sangra em nós na contradição agônica e ofegante dos mortos de amor.

10. Fazer caber o máximo possível de amor no mínimo possível de ser

A ambigüidade inambígua da exigência moral é portanto quatro vezes ambígua: 1.º porque está a meio caminho dos extremos, porque é ao mesmo tempo o um e o outro e porque não é ao mesmo tempo nem um nem outro (*neutra*); 2.º porque a exigência infinita do dever e dos direitos imprescritíveis da existência se neutralizam mutuamente e ficam em ponto morto no equilíbrio do marasmo; 3º porque, na ambigüidade infinita, o ser opaco, consumido pelo fogo do amor e abrasado por sua luz, se torna cada vez mais diáfano, e isso indefinidamente, sem no entanto cessar de existir; 4º porque, enfim, a vontade, dividida entre as duas exigências, oscila de uma à outra vertiginosamente. E é enfim a própria ambigüidade dessas quatro ambigüidades que dá a consistência inconsistente, a evidência tão inevidente, tão decepcionante e, no entanto, indestrutível e indefinidamente renascente do imperativo moral. Um *modus vivendi* se estabelece entre o agente moral e essa miséria interior que é a incompatibilidade irredutível do ser e do amor. Mas não basta determinar as condições morais desse *modus vivendi*: resta ainda explicar o inexplicável, o fundamento metafísico da infelicidade alternativa e a razão de ser de tal maldição. *A fortiori*, não basta explicar como o *homo duplex*, isto é, o *ser-amante*, pode se transformar por inteiro em amor, tornar-se ele próprio todo amor (contanto que possa), se não se determina o peso, o alcance e os limites do obstáculo antiamor. O ser moral é manifestamente um ser e, além do mais, o ser moral é moral por não sei que intenção impalpável, invisível e secreta que se formula em seu foro interior noturnamente. Mas será que a própria transparência desse foro interior nos permite isolar um elemento opaco irredutível, incompressível, que há que admitir, como se admite um mal necessário e que é uma conseqüência fatal da nossa finitude? Esse *mal menor* seria, conforme a forma que ele reveste, *minimamente lógico, minimamente ôntico, minimamente ético*. Na alternativa moral, é o amor por outrem o pólo positivo e o objeto da vocação. Será necessário dizer novamente que a ambição desse amor é, de direito, ilimitada? Ora, o ser moral é um ser claudicante, cujo poder é finito e cujo dever é infinito. Sem jogo de palavras: seus fins são infinitos e seus meios, modestos. Para se elevar até os fins sublimes do desinteresse, a vontade altruísta tem de escalar com muito esforço a trilha escarpada dos meios, lutando contra a gravidade e contra a sua inércia natural. Porque ela carrega nas costas o pesado fardo da naturalidade. Esse itinerário laborioso se chama mediação. Logo, a ascensão e o progresso moral não podem ser nem contínuos, nem regulares, nem diretos; eles são neutralizados e compensados, e até mais que isso, por quedas e recuos. Até aqui, confrontando o ser e o devendo-ser, o ser e o amor, tínhamos ficado na complicação do primeiro grau, que também é uma complicação em sentido único: do mesmo modo que o ego é o núcleo compacto ou maciço da retração egoísta, assim também o ser é a parte inerte, opaca, impenetrável do ser-amante; quanto mais esse núcleo do nosso peso destinal se mostra maciço e denso, mais difícil é manejar e transfigurar o ser; quanto mais o núcleo é opaco, mais dificilmente o raio de luz atravessa a tela que esse ser sem amor e sem dever interpõe em seu caminho. Podemos dizer que esse resíduo irredutível, impermeável à irradiação amorosa, se chama Mal: seria um depósito, um resquício, ou melhor, um simples dejeto; não teria nenhuma função, de nenhum tipo... Quanto mais há ser, menos amor há: o amor e o ser estão em razão inversa um do outro. Mas quando, no limite, não há mais que o ser-sem-amor, quando não há mais que o ser no estado puro, não há nem sequer ser em geral, pelo menos um ser digno desse nome; não há mais que um monstro e uma repugnante caricatura; não há mais que um ser informe, imundo, inominável; um cadáver. E vice-versa, os extremos se tocam: se um ser absolutamente privado de amor não é nem sequer um ser, um amor-sem-ser não é nem sequer um amor; a terceira evasão nos indicava o perigo: um amor que se refugia no não-ser, ou pelo menos vai até o quase-nada, esse amor, por mais sublime que seja, corre o risco de não mais amar. Quer dizer então que somos remetidos à zona mediana, que é a do conforto burguês e da segurança? Não, não há zona média, não, não há justo meio. Mas há uma linha fronteiriça instável e vaga, na qual se estabelece à força de tenteios, retoques e aproximações infinitesimais essa relação do máximo com o mínimo, em que o otimismo de Leibniz identificava o ponto ótimo. A determinação desse ponto, o traçado dessa linha resultam de um debate; o espírito de finura decide sobre ele. Claro, tem-se o direito de dizer: quanto menos ser, mais amor; mas como, por outro lado, só resta um fantasma de amor quando não há quase mais ser, e não há mais amor nenhum quando não há mais ser nenhum, podemos nos limitar a dizer: *o máximo de amor possível para o mínimo de ser possível*... Estando entendido que para amar é preciso se resignar a ser! Por isso se recomenda (na falta de algo melhor): o mínimo de palavras possível para o máximo de sentido possível; o mínimo de espaço perdido e o de tempo perdido que seja possível para o máximo de alma possível. E sempre, claro: *tanto quanto possível! quam maxime, quam minime* (ὅσον δυνατόν). O máximo possível: esse superlativo relativo é o máximo do maximalismo autorizado pelo destino, levando-se em conta as circunstâncias e as condições físicas ou históricas; é o recurso supremo (relativamente supremo!)... O máximo possível, com o mínimo dispêndio de ser: esse é o nosso refrão.

O que implica, em todo caso, o pudor, a humildade e a sobriedade, a extrema densidade espiritual e, ao mesmo tempo, o horror da jactância e da exibição. E, mais geralmente, na linguagem dos fins e dos meios: um homem que é um homem, isto é, um ser derrisoriamente finito, deve despender em meios o mínimo estritamente necessário para o seu fim, se ele quiser sinceramente realizar esse fim; nem mais nem menos: é esse o seu *mal necessário*. Despender menos, economizando os meios, como os pequenos poupadores, seria lançar uma dúvida sobre a intenção real de ter êxito, seria confundir tolamente a boa vontade apaixonada do fim com o entesouramento dos maníacos e dos colecionadores que, contentes com viver no ramerrame da sua mediania, acabam esquecendo o fim de que os meios são meios; hipnotizados pela angústia das "despesas", não refletem na seriedade do seu projeto, isto é, na função da mediação. Mas despender demais, jogando os meios pela janela para fascinar os passantes, desperdiçando ao infinito recursos necessariamente finitos, vivendo, como ostentador, no luxo e na jactância, seria uma falsa generosidade e uma outra forma, particularmente insidiosa, de má-fé. Há, portanto, duas formas inversas de má vontade, duas maneiras maquiavélicas de procurar o obstáculo: uma pequena vontade que é veleidade e que quer o fim sem os meios, e uma vontade que sonha em sufocar e fazer esquecer o fim debaixo do edredom suntuoso dos meios; uma e outra querem o fim separado dos meios que o tornariam possível. O que não quer dizer: há uma economia sensata a meio caminho entre os econômicos e os pródigos, como Aristóteles nos sugere; nesse caso, poder-se-ia conceber um bom administrador que perde sensatamente a cabeça e dilapida de caso pensado suas riquezas; a boa-fé estaria a meio caminho entre as duas formas inversas da má-fé: a hipocrisia sórdida dos avaros e a superfluidade superabundante e redundante dos blefistas. Que bela simetria! Quem se regozija na satisfação de acumular todas as vantagens ao mesmo tempo é sem dúvida o mais maquiavélico de todos... Então, para que santo acender a vela ou que fé reclamar? A boa-fé órfã, abandonada à beira da estrada, sente-se tomada pelo desespero. Ora, não há por que desesperar! Por pouco que se renuncie a medir com precisão de milímetros o caminho mais curto ou verificar dos dois lados do zero, isto é, da inocência diáfana, a eqüidistância das duas hipocrisias inversas, por pouco que se renuncie a pesar com precisão de miligramas o peso dos motivos inversamente egoístas, a inocente boa-fé encontra espontaneamente, infalivelmente, a *via recta* do caminho mais curto. É essa a boa vontade que Leibniz chama de "conseqüente": essa vontade, longe de querer em princípio e platonicamente, quer o fim com os meios que o possibilitarão, quer o fim e os meios conjuntamente, quer um com os outros de um só querer indivisível e orgânico; essa vontade apaixonada é a única vontade integralmente boa, e não se pode mais distingui-la do amor. Porque a inspiração amorosa é uma conselheira tão eloqüente quanto persuasiva; ela sabe em todos os casos o que tem de fazer e não necessita de balanças de precisão para ter certeza.

CAPÍTULO III
O MAL MENOR E O TRÁGICO DA CONTRADIÇÃO

1. O impulso e o trampolim. Repique.
O efeito de relevo. Positividade da negação

Até aqui a relação inversa do ser com o amor apresenta-se como uma complicação relativamente simples, uma complicação sem expoente. Os homens estão perfeitamente adaptados a essa complicação. O que prova isso é, na dimensão vertical, o paradoxo mais corrente da experiência cotidiana e da mecânica: descer provisoriamente para subir de novo, cair para se erguer mais alto, mais depressa e com um impulso mais poderoso. É essa a lei da contragravidade, que parece uma levitação e, no entanto, não é nenhum milagre. O ser-amante parece repicar no trampolim da antítese ou, mais exatamente, conforme as palavras de Diotima[1], apoiar-se, para subir, nos degraus inferiores (ἐπαναδασμοί), que o sexto livro da República chama de "hipóteses" (ὑποθέσεις), para depois, de degrau em degrau, ou de hipótese em hipótese, içar-se

---

1. *Banquete*, 211c; *República*, VI, 511b.

até o princípio anipotético de todas as coisas (μέχρι τοῦ ἀνυποθέτου). Justamente por essa razão, a palavra-chave da dialética em Platão é ὁρμή, impulso. A queda livre decerto não tem impulso nem intenção; mas o engenheiro é capaz de aproveitá-la, de desviá-la artificialmente para cima utilizando as artimanhas da maquinaria e dos dispositivos técnicos; o trampolim, a alavanca, o balancim são dos mais simples instrumentos dessa engenhosidade. Ἐπιδάσεις καὶ ὁρμαί!, como no fim do sexto livro da *República* em Platão, ou ἐπίδαθρα, como no *Tratado do Belo* em Plotino[2]. Quando se trata do alçar vôo dialético, o movimento para a profundidade dá uma impulsão mais enérgica e uma moção mais poderosa ao impulso em direção à altura: os dois movimentos, embora em sentido contrário – ou melhor, justamente porque são de sentido contrário! –, formam uma só ação anfibólica e respondem à mesma intenção. O paradoxo menos surpreendente se exprime aqui na sua forma mais contrariante! De certa maneira, o movimento ascensional estava implicado em potência no movimento inverso que, paradoxalmente, nos convida a nos apoiar num degrau e a fazer pressão no degrau inferior... No entanto, o movimento para baixo não está nem virtualmente contido, nem analiticamente incluído no movimento ascensional, já que, pelo menos em aparência, ele o desmente, o contraria e até o contradiz; e não o confirma tampouco, já que, em aparência pelo menos, ele o infirma; falando propriamente, ele nem sequer o compensa, nem vem em dedução da sua força ascensional. O recuo e o peso eram as condições paradoxais do impulso que eles parecem desmentir, mas o impulso, para arrancar ou se elevar, para escapar

---

2. *Enéadas*, I, 6, 1.

da inércia e da queda, necessita além disso de um suplemento de força. O dinamismo e a elasticidade do impulso se lêem, apesar dos pesares, e com uma leitura quase imediata que mal é uma interpretação, na própria aparência. O impulso prestes a arrancar, o impulso pronto para saltar, comprimido sobre si mesmo, contendo a respiração, com o coração batendo, o impulso concentrado numa espécie de recolhimento vazio de todo pensamento e tensionado em direção a um porvir iminente, vazio de todo presente, adere ainda à matéria e aos músculos ou já alçou vôo? Uma coisa é certa: ele só se prende ao corpo por um fio, mas, apesar desse fio delicado, está solidamente amarrado na imanência; ele afunda suas raízes no mais profundo da nossa naturalidade; ele se esconde, invisível, no centro dessa matéria que o porta e o propulsa. O impulso é indissociável da matéria em que nasce: a matéria o retém, o deixa pesado e o trava, mas ao mesmo tempo e *com isso mesmo* lhe serve de ponto de apoio ou de freio. O corpo é ao mesmo tempo a preocupação do impulso e o fundamento da sua confiança. Esse misto de preocupação e de confiança, permitam-nos talvez chamá-lo de Sério.

O repique, o efeito de relevo, a positividade da negação – não passam de metáforas ou modos de falar: as metáforas e o modo de falar transpõem numa outra língua o problema moral do mal menor. A bola que repica no chão e cai logo em seguida parece dizer não à gravidade, mas essa recusa não tem nenhuma intenção, a não ser, indiretamente, a intenção do jogador que quer ganhar sua partida; e, principalmente, essa recusa não durou mais de um instante; essa recusa sem conseqüência nem eco é o contrário de um milagre; esse salto não tem nada de sobrenatural. E, por outro lado, o campeão, tomando impulso no trampolim, não enxerga além do sucesso pontual: basta-lhe obter uma vitória instantânea, bater um recorde sem futuro. O repique é todo ele impulso, mas falta-lhe perenidade! E inversamente: o efeito de relevo, como uma cena lapidar, parece eternizar ou perenizar um contraste, mas, em primeira aparência, não tem impulso. A contragravidade, que faz toda a elasticidade do impulso, é certamente comparável a um efeito de relevo. Mas comparável somente! Porque o efeito de relevo é precisamente um *efeito*, no caso um efeito "estereoscópico", um contraste ótico imobilizado no espaço, que se acentua graças ao claro-escuro e na antítese dos raios e das sombras; mesmo a oposição maniqueísta do Bem e do Mal, da luz e das trevas, ainda é uma oposição estática: o periodismo dessas vicissitudes, assim como a alternância regular do dia e da noite viram finalmente um face-a-face – face-a-face em que dois princípios simétricos e pré-dados são confrontados um ao outro. Essa alternativa não é muito mais uma categoria estética do que uma opção moral? Mas, sobretudo, o efeito de relevo, no que ele tem às vezes de sensacional, é essencialmente um espetáculo, um espetáculo exemplar e muitas vezes normativo, um espetáculo para espectadores ofuscados ou maravilhados. A simples presença de um terceiro, a intrusão indiscreta da testemunha e, *a fortiori*, o olhar dos espectadores, reforçado pelos binóculos, condenam a inocência à relegação. A inocência é mandada para o exílio. Ou melhor, a inocência, banida *in loco*, começa ela própria a posar para a platéia; a partir do efeito, tudo se torna teatro e encenação; tudo é falseado; a exibição degenera em ostentação e em falsificação. Os espectadores aplaudem o espetáculo intemporal do maniqueísmo!

A própria negação é, a seu modo, um efeito de relevo, em razão da função pedagógica e não raro polêmica que lhe cabe: por exemplo, ela corrige um erro... Mas o impulso é, então, tão curto, tão condensado, tão imediato que mal o sentimos. Não é por acaso que a dialética da negação é posta em foco por Bergson em *A evolução criadora*. Por duas vezes, e tratando desses problemas fora de todo dogmatismo sistemático, Bergson elucida a relação paradoxal, ambígua e até contraditória entre a "energia espiritual" e a matéria: a propósito do impulso vital e a partir do órgão visual. O impulso vital, repicando no trampolim da matéria, faz jorrar em todos os sentidos a girândola das espécies divergentes e transcende a disjunção entre o Uno e o plural. A "marcha rumo à visão", canalizada pelo nervo ótico e pelo órgão visual em geral, é ao mesmo tempo limitada e possibilitada: um campo, um alcance, determinações que afinal de contas são negações e sem as quais a vista, paradoxalmente, não seria clarividente; é nos inspirando em Bergson e em suas intenções desconcertantes que damos um sentido ao nãosenso do órgão-obstáculo. Como fica agora a negação? Bergson nos explica que a negação é um "juízo sem juízo" ou, como preferimos dizer, um juízo com expoente, um juízo elevado à segunda potência. Uma proposição absurdamente afirmativa está subentendida na negação, mas é imediatamente rejeitada: era uma alusão, apenas uma insinuação; no entanto, a forma indireta dessa afirmação negativa, que guarda relações com a linguagem do pudor, projeta na verdade uma luz mais admirável, uma clareza mais contrastante. Acaso não é a própria sombra da negação um efeito de relevo? Assim, nossas recusas são indiretamente reveladoras das nossas opções. Todavia, como mostrávamos ao passar da negação à recusa moral, o não da recusa tem uma carga passional maior, uma "positividade negativa" mais intensa que o *não + verbo* puramente formal e lógico da negação, porque esta nega sem recusar; a negação diz que *não + verbo*, já o monossílabo da recusa rejeita e vomita, e ponto final; absolutamente e sem restrições, sem especificar nem o prazo nem o grau, nem o *enquanto* (*quatenus*). Se a recusa muitas vezes é agressiva a ponto de se confundir com um ato de beligerância, se a recusa é uma tomada de posição dramática e militante, às vezes um acontecimento histórico que se produziu para valer, a negação, embora tacitamente polêmica, sempre preserva um caráter especulativo, platônico e, de certo modo, nocional. Toda negação é, a seu modo e indiretamente, uma espécie de vaga determinação, uma determinação nascente; uma determinação aberta; uma determinação indeterminada. É no limite de todas as negações e, por conseguinte, no infinito, como na teologia negativa, que a determinação equívoca cercada pelas recusas se tornaria unívoca... quase unívoca!

O impulso que nos levanta acima de nós mesmos, em direção ao esquecimento de nós mesmos, em direção à abnegação, ao altruísmo e ao amor se apóia necessariamente no ser-próprio, para transcendê-lo. É esse o primeiro grau, ou melhor, o primeiro expoente da complicação; ou, mais precisamente ainda: é a complicação elevada à segunda potência, a que é, como o juízo sobre um juízo, complicação da simplicidade. Aqui a negatividade da negação não é uma simples barafunda gramatical, o zumbido de uma retórica atravancadora que faz volume e ocupa o lugar do sentido, como as circunlocuções das preciosas: aqui meu corpo está na origem de um drama! O corpo pesado com seu egoísmo, sua glutoneria e seus instintos não é um fardo dispensável, a ocasião de uma faina inútil de que o amor teria se encarregado por livre e espontânea vontade, quando poderia perfeitamente se dispensar de fazê-lo. Se a naturalidade fosse para o ser-amante essa sobrecarga gratuita e, afinal, extravital, o ascetismo, que nos livra dela, seria uma incumbência expeditiva, um tanto frívola e quase divertida. Como *livrar-se dela*? Essa palavra desdenhosa, ἀπαλλάττεσθαι, volta muitas vezes no *Fédon*. Como libertar o passarinho moral para que ele bata asas rumo às alturas? Ou, com outras imagens: bastaria jogar fora o pacote todo com tudo o que ele contém, concupiscência, glutoneria, amor-próprio, vaidade, sem inventariar nem selecionar nada; você não se daria nem mesmo o tempo de abrir, nem mesmo o trabalho de desatar o barbante... Desembaraçar-se! Adeus, preocupações! O viajante sem bagagens, desembaraçado não apenas do seu haver, mas de seu próprio ser, seria verdadeiramente imponderável e aéreo, leve como o amor. Ora, essa ablação de todo o ser dói! É mesmo uma ablação? A ablação é sempre partitiva: ela retira alguma coisa e deixa o resto. Quem é *indivisamente* alma e corpo e está não apenas privado do seu haver e das suas propriedades, mas mutilado em sua carne, este sofre e sangra; ora, o ser-amante que é *indivisivelmente* ser e amor e que está não apenas amputado na sua carne, mas incompreensivelmente privado do seu ser total... como chamaremos seu sofrimento? Essa quimera se chama angelismo; mas poderíamos chamá-la igualmente de extremismo ou purismo. Ora, a quimera não aspira à seriedade. Neste mundo de relatividade, de mediania, de intermediariedade, em que estão reunidas para o ser misto que somos todas as condições da vida, o peso inerte e cego pode ao mesmo tempo servir de lastro: é o mesmo peso, mas ele dá o impulso necessário para nos permitir ascender. Mostremos como esse paradoxo se aplica à ambigüidade moral. O ego do egoísmo é a pedra pesada que o altruísmo tem de levantar; o ser do ser-amante é o pesado fardo que o amor tem de arrastar e que sobrecarrega o impulso da sua "levitação". Mas essa é uma maneira bem simples, e até simplista, de se exprimir. Se não houvesse uma pedra pesada, não haveria altruísmo em geral; se não houvesse montanha intransponível a levantar, não haveria fé; e, se não houvesse fardo pesado, não haveria amor algum. Sem esse fardo que nos faz gemer de lassidão e chorar de desânimo, o amor e a esperança teriam desde há muito tempo desertado dos vales da existência terrestre. Kant já dizia: no vazio da campânula pneumática, o passarinho cai fulminado... E, igualmente: se o mundo está vazio de toda atmosfera, de todo obstáculo a superar, de todo problema a resolver, o amor se torna uma bóia inconsistente que se desagrega e se evapora no espaço. O amor, frágil como o passarinho, porém infinitamente mais, não poderia viver sem a pressão dos obstáculos que o impedem de respirar e de amar. O órgão-obstáculo, ei-lo.

2. Um depois do outro. Mediação. A dor

O repique e o impulso, o efeito de relevo, a positividade da negação... Que significa isso? Se nossas análises tivessem por resultado aplicar ao problema moral conceitos como a mediação ou o mal menor, teríamos passado decididamente ao largo desse problema. Nada do que é conceitual ou dialético diz respeito ou aplaca a inquietude moral. Sobre a dilaceração moral, os poderes da síntese conciliadora e cicatrizante permanecem sem efeito. A filáucia, a naturalidade ou, como se dizia na época da controvérsia do "puro amor", a concupiscência nos desviam do altruísmo, ao mesmo tempo que, sob certos aspectos, elas o condicionam, às vezes até exaltam o amor desinteressado. Não seja por isso! Na mediação discursiva, há o princípio da temporalidade, que arranja tudo. Os contraditórios se recusam a coexistir, e nem sequer podemos pensá-los juntos: eles brigam um com o outro, como cônjuges incompatíveis, até que um tenha aniquilado o outro. Mas eles podem se suceder! Um primeiro, o outro depois; ou então: ora um, ora outro... O homem é perfeitamente adaptado a esse regime. É a artimanha do tempo! A alternância, tanto quanto a temporalidade retilínea, permite, ao diluir a contradição, evitar o bloqueio e a imobilização total. Tudo é uma questão de momento: a sensualidade nos arrasta para baixo num momento dado, o amor se livra dessa gravidade num outro momento... Nós mesmos não falávamos de *escapatórias*? Quanto à elasticidade ou explosão instantânea do amor, ela deve sua energia explosiva a essas duas forças irresistíveis que se encontram e ao mesmo tempo se repelem: o ser do ego puxa para baixo; o amor, impaciente por decolar, projetado em seu trampolim, catapultado pela própria resistência do instinto, nos arrasta para o outro. Não apenas o tempo resolve a contradição, mas é sua solução continuada. Contornar a contradição do dilema insolúvel, depois disso sair pela tangente da sucessão e escapar assim do beco sem saída – essas são principalmente artimanhas de guerra, e essas artimanhas anunciam muito mais a oblíqua e engenhosa sagacidade do que a coragem frontal do sacrifício e da morte. Gracián, destinando seus aforismos ao uso dos cortesãos e dos diplomatas, poderia ter escrito um manual da evasão... se a evasão não exigisse a coragem de enfrentar, tanto e mais ainda que a arte de esquivar. Como quer que seja, a paciência, a prudência e a precaução são as virtudes mais recomendadas pelo sutil jesuíta ao homem da corte, e até ao homem da guerra: a paciência, primeiro, porque ela é a arte de esperar conscientemente e, numa palavra, a *temporização*, que utiliza o melhor possível a máquina do tempo. A lei de bronze do destino nos concedeu o prazo, *mora*. Quem se serve do prazo, quem se precipita no prazo já saiu do impasse: este talvez veja o fim do inverno. Permitam-nos citar a admirável máxima 55 do *Oraculo manual* [Oráculo manual]: "Há que atravessar a vasta carreira do tempo para chegar ao centro da ocasião. Uma temporização razoável amadurece os segredos e as resoluções. A muleta do tempo faz mais do que a maça de ferro de Hércules. Deus mesmo, quando nos pune, não se serve do porrete, mas da sazão... A própria fortuna recompensa com usura os que têm a paciência de esperá-la." Benito Pelegrin, que nos propõe uma nova classificação dos aforismos[3], não se equivoca ao começar pelo tema "do fim e dos meios" e, então, agrupar devidamente as máximas relativas à problemática da adaptação e do oportunismo. É verdade que, nesse mundo atáxico e descosido que é o mundo da beligerância universal, os humanos não podem chegar de uma só vez à harmonia ideal: no entanto, apesar dos conflitos e das dilacerações, apesar da antítese, o balanço da mediação se revela positivo no geral. A mediação, tudo somado, pelo menos leva a algum lugar. A mediação não é uma temporalida-

---

3. *Manuel de poche... (Oraculo manual)*, Éditions libres Hallier, pp. 73, 130, 140.

de amorfa e invertebrada, que iria à deriva: ela é, ao contrário, expressamente regulada, articulada e até estruturada tendo em vista certo fim. Ela se distingue nisso da temporalidade nua, que não leva a lugar nenhum, a não ser à morte, ao fim dos tempos ou ao marasmo universal. Conforme consideremos a mediação sob seu aspecto exotérico ou em seu sentido esotérico – em outras palavras: conforme se considerem os obstáculos acumulados e o tempo perdido, ou conforme se considere o sentido geral da mediação –, sentimo-nos propensos ao pessimismo ou estimulados a seguir no caminho do otimismo. *As barricadas barram a rua e abrem o caminho*, podia-se ler em 1968 nas paredes do Quartier Latin; esse caminho não é, decerto, uma rodovia retilínea que liga um ponto a outro... Aliás, num cartaz em que se distingue, com a assinatura de Cremonini, um emaranhado inextricável de ferragens, paralelepípedos, carros virados e destroços amontoados, as palavras insolentes se desenrolam: "Contra a contramão: as ruas do possível." Esse caos intransponível talvez seja uma promessa e uma esperança; esse pessimismo, em última análise, é otimista. Na simples palavra "mediação", uma tranqüilizadora finalidade já está subentendida: os meios são uma alusão ao fim, e só são meios em relação a este último; eles chamam o objetivo, apontam-no com o dedo; como as flechas indicadoras, eles indicam a direção correta, a direção para. Não há portanto razão de se maravilhar, se o peregrino da mediação enveredar com pé firme, com ânimo, bom humor e boa consciência, por esse caminho pedregoso em que tropeça a cada passo. Algo a fazer, determinado esforço a realizar, determinado itinerário a percorrer: as condições da vocação e da boa consciência estão reunidas aqui. A bênção do termo último – o qual, no entanto, ainda não existe – se propaga por retroação a tudo o que a precede ou a prepara. Bergson chamaria talvez essa propagação de marcha retrógrada do sentido. O fim justifica os meios... Mas os meios, por sua vez, já eram normativos: eles pressagiam o fim e o antecipam. E, mais geralmente: o próprio "mal menor", na ordem do relativo, ainda é otimista... Relativamente otimista! Não é pois por acaso que a *Teodicéia* de Leibniz faz tal uso desse conceito. O mal do ser é um mal, mas (a ênfase é posta aqui no adjetivo) é o *menor*; o mais pequeno possível, levando-se em conta as circunstâncias e os incompatíveis ou incompossíveis; exatamente no sentido em que a linha quebrada, num meio dado (um meio refringente), ainda é o caminho relativamente mais curto, a linha mais curta possível; a refração da luz demonstra assim que as soluções da economia divina são relativamente melhores. Na falta da excelência ou da perfeição, o "mal menor" nos sugere negativamente, indiretamente e quase timidamente – íamos dizendo: pudicamente – o que de melhor se podia esperar. E do mesmo modo: a sucessão temporal não pode fazer que a contradição seja inexistente, mas *pelo menos* (de novo e sempre a relatividade concessiva do mal menor!) ela a torna viável e fluida, ela a "faz passar"; ela adia a crise, a rejeição, a deflagração. O tempo é em muitas circunstâncias o mal menor... se é que se pode associar a excelência ou, pelo menos, a exemplaridade à modéstia de um mal menor que renunciou a toda e qualquer pretensão. O tempo exprime nossa adaptação a este mundo de miséria. A interjeição resignativa *infelizmente!* cede a vez, no coração do homem, a um apesar concessivo em que a resignação se fez consolo.

Há que confessar, porém: o peregrino da aventura moral não avança na luz, ele caminha na noite sem saber aonde vai, sempre a ponto de desesperar, de renunciar, de abandonar tudo... A "aventura" moral não é um esporte, nem tampouco, de modo algum, uma aventura, nem mesmo uma aventura perigosa! Seria fácil demais! Seria uma diversão! O aventureiro dessa aventura não é um alpinista que mede com orgulho o caminho já percorrido e a altura já alcançada, e não é tampouco o alegre companheiro que canta no caminho... A inquietude moral é uma inquietude amarga; ela nunca se vira para contemplar o panorama das suas realizações; a inocência não ouve os contos da carochinha do trabalho santificador: ela permanece só e órfã em seu esforço sem remissão nem recompensa.

Deveríamos pensar que a dor, se ela vier robustecer o esforço da mediação, tornará nossa inocência mais inocente? A dor é, em geral, a inocência obrigatória. Um homem que sofre sinceramente, em sua carne e em sua alma, de ordinário não pensa na sua grande representação teatral cotidiana e esquece, pelo menos momentaneamente, de fazer pose para a platéia dos seus admiradores. Ou seja, a dor de que realmente sofremos, se é um mal necessário, é de uma necessidade menos convincente do que qualquer outra forma de mal menor ou de mediação. Nós nos resignamos mais dificilmente a ela. Ou nunca nos adaptamos totalmente a ela. Quer isso dizer que a dor é necessariamente o inferno? que não há sofrimento sincero fora da maldição do desespero? Geralmente o homem, presa dos tormentos do sofrer, não tem pressa maior que restaurar em sua frente um humílimo porvir, uma finalidade, uma pequena razão de ter esperança, por mais vaga que seja, uma incrível teleologia e um sentido tranqüilizador. A dor reciclada, brevemente percorrida nas grandes sinopses do dialético, se torna uma *provação*. O ascético do *Górgias*, como todos sabem, já recomendava o *queimar-cortar*, καίειντέμνειν, isto é, o cautério filosófico e o bisturi filosófico. A dor cirúrgica é uma dor aguda e lancinante, pois queima e fere; mas seus instrumentos não são instrumentos de tortura: como as flechas de amor de que fala são João da Cruz e que fazem o sangue aparecer, ela tem de certo modo poderes purificadores e redentores. Essa ambivalência é reconhecível nos relatos consagrados à morte de Sócrates: a cicuta que o carrasco traz para o sábio não é uma bebida suave; mas, à sua maneira, esse veneno é um medicamento; a amarga poção também é um remédio: ela servirá para desfazer os laços da alma e do corpo e, assim, curar essa espécie de doença original que é a simbiose psicossomática. A dor é, decerto, um acontecimento vivido e irredutível que se soma à mediação e que é, nisso, de essência irracional. No entanto, a própria dor é reciclável a título de provação ou de *momento*, isto é, como elo num encadeamento necessário e benéfico, numa palavra, como mal necessário. A partir do dia em que tomamos consciência dessa reciclabilidade, não é muito difícil "conformar-se". Esse presente da dor, que parece eterno e absoluto, terá um só tempo: à luz da sobreconsciência, a dor não é mais que um episódio e um pequeno desvio suplementar no caminho da mediação; a dor faz parte do processo geral chamado cura. O inferno é o lugar inconcebível do sofrimento eterno, sofrimento infinito, monstruoso, que é eticamente injusto e imerecido, que está portanto além de qualquer castigo e que atinge os danados; e foi no purgatório que a tradição localizou a etapa provisória, não dos danados, mas dos condenados, condenados à dor temporária do castigo. Esse pequeno sofrimento dosado e modulado nos diz: esperem e tenham paciência com o seu mal, já que nada está definitivamente perdido. A síntese mediadora, a dor medicadora, o prazo, enfim, conservam aqui todas as suas virtudes cicatrizantes e terapêuticas. No mundo da ação o *nunca-mais* não tem sentido: porque, interrompendo a recondução e o encadeamento das causas e dos efeitos, ele desembocaria num vazio absurdo.

A filosofia apofática do paradoxo moral não termina nunca com as suas negações. A mediação, dizíamos, não é nada paradoxológica: a função quase racional da temporalidade mediadora está precisamente em separar os contraditórios um do outro; transformados em momentos sucessivos na fluidez do devir, os contraditórios se revezam, em vez de se dilacerarem uns aos outros; eles comparecerão um depois do outro, cada qual em seu tempo e em sua hora, e é essa a mais elegante, a mais engenhosa, a mais pacífica das soluções. O antagonismo é eludido! Como o *homo duplex* é decididamente duplo e, de certo modo, anfíbio, ele poderá se consagrar alternadamente a seu corpo e aos cuidados com a sua alma. A alternância é verdadeiramente um regime: regularidade do ritmo, eqüidade e simplicidade do periodismo, tudo facilita para o homem a adaptação a essa vicissitude exemplar. Feliz o homem de boa consciência! Ele consagra seus dias úteis aos afazeres de um egoísmo bem entendido, seus domingos e dias santos às obras pias e aos mendigos; essa feliz e boa consciência reina sobre um tempo harmoniosamente organizado, em que dois horários sucessivos são reservados: um para os exercícios do corpo, o outro para a caridade. Os meios podem desmentir temporariamente o fim, suspender seu advento, darlhe férias: a partir do momento em que se trata de uma sucessão discursiva, a contradição é desarmada; a colisão torna-se inofensiva. Teremos a consciência em repouso. Mas podemos nos perguntar antes de mais nada se uma consciência em repouso e que evacuou toda angústia, toda inquietude moral, já não está, ao contrário, apodrecida pela complacência... Por outro lado, o amor ao outro não admite, em princípio, nenhuma divisão. Lembremos o que já foi dito sobre o totalitarismo, o extremismo, o maximalismo da exigência moral: a idéia de reservar para si mesmo e somente para si mesmo, e para seu aperfeiçoamento pessoal, e a pretexto de igualdade, a metade do trabalho e do tempo e dos exercícios ascéticos supostamente necessários à melhoria moral do gênero humano, essa idéia é em si derrisória. Que estou dizendo? A simples veleidade de desviar, em benefício da minha salvação e da minha alma imortal, um instante infinitesimal do meu zelo moral é uma fraude a que se soma uma intolerável hipocrisia. A abnegação repele esses arranjos temporais; ela não suporta a sordidez de uma economia demasiado engenhosa; ela não quer suceder na mesma "programação" ao despertar muscular e ao quarto de hora dietético; ela quer todo o espaço; ela quer a totalidade do nosso tempo e da nossa vida... A intolerante superlatividade, o *nec plus ultra*: eis seu credo e sua lei! As palavras de Platão e da Escritura, com tanta freqüência comentadas – ξὺν ὅλῃ τῇ ψυχῇ, ἐν ὅλῃ τῇ καρδίᾳ σου, ἐξ ὅλης τῆς συνέσεως καὶ ἐξ ὅλης τῆς ἰσχύος[4] –, voltam por si mesmas à nossa pena; quer se trate de força, de intelecção ou de amor, uma só palavra, uma palavra obcecante, volta sem cessar como um refrão nessas exortações: a palavra ὅλον. Com todas as tuas forças, com toda a tua compreensão, de todo o teu coração. E mes-

---

4. *República*, VII, 518c, Mt 22, 37; Lc 10, 27; Mc 12, 30-33.

mo, o que é mais surpreendente, com todo o teu pensamento, ἐν ὅλῃ τῇ διανοίᾳ σου[5] – como se também fosse importante que o pensamento do outro e a terna solicitude pelo outro reaparecessem incansavelmente nos menores meandros do raciocínio e da mediação, como se fosse preciso que uma mesma preocupação fiel habitasse todas as idas e vindas do pensamento discursivo e dialético. Numa palavra, que diz tudo: *com toda a tua alma!* Tudo em toda parte e todo o tempo. Essa expressão, de uma tacada e uma só vez, deprecia todo programa, varre todo horário, subalterniza dosagem e posologia. As categorias são postas de lado. *Tudo ou nada!* Depois disso, tudo está dito.

O deciframento da mediação, dos seus meandros e das suas artimanhas, dos seus socos e das suas fintas, se dele esperarmos algumas luzes sobre o problema moral, acarretará necessariamente os mais graves mal-entendidos e as mais amargas decepções. Não que o amor, para chegar a seus fins e levar a cabo seus projetos, não deva urdir complôs, montar maquinações, combinar estratagemas: a idéia das artimanhas do amor e de um amor mascarado, de um amor protéico, perito em disfarces e travestimentos, sempre tramando algum novo expediente, ἀεί τινας πλέκων μηχανάς[6], já pertencia ao mito do Eros platônico. Poros, como se sabe, é o nome que Diotima dá ao pai de Eros; e Πόρος significa *passagem* e *via de comunicação*. Donde se pode concluir que a mediação não tem segredos para um amor capaz de se insinuar nas intrigas mais tortuosas, de se insinuar nas situações mais complexas, de relacionar cada ser com todos os seres.

---

5. Mt 22, 37.
6. *Banquete*, 203d.

Mas um amor demasiado engenhoso e um tanto intrigante é ainda mais estranho ao verdadeiro amor do que a própria mediação. É que o amor, filho de Poros, é principalmente um amor possessivo e captativo; seu objetivo é a conquista de uma mulher, a ambição de lhe agradar; com esse fim, ele não recua ante as tramas mais suspeitas. O sedutor é um virtuose a seu modo, virtuose, como diria Jean Maurel, da malandragem galante e das tramóias de todo tipo. A estratégia artificiosa de Eros se parece às vezes com a da ironia, e emprega as mesmas armas: a lítotes, os olhares, as incontáveis variedades da alusão e da simulação; o amor finge se afastar para melhor se aproximar, tal como o atleta recua para tomar impulso... Mas também, como o forte, quer parecer fraco! O amor se exprime *a contrario*. Esse fingimento não é o abecê da paradoxologia amorosa? O amoroso não finge a indiferença? As manobras são a manha ordinária e a tática trivial do coquetismo; elas não falam a linguagem misteriosa do amor: elas falam uma linguagem hermética relativamente fácil de interpretar e, por conseguinte, costurada com fio branco, já que nos remetem uniformemente ao ego e à filáucia. Para decifrar os códigos do amor-malandro, é necessário aceitar as delícias da hermenêutica e da retórica. Para aplainar os obstáculos provisórios situados na cadeia dialética, basta uma sagacidade média. Mas o amor apaixonado não é uma mediação artesã, industriosa e instrumental tendo em vista um fim extrínseco. Esse amor não é tampouco uma provação dolorosa, assumida tendo em vista uma bela revanche. Esse amor não fala uma linguagem esotérica ou alegórica mais ou menos transparente que se trataria de decodificar. Todas as precisões que se poderiam dar sobre os seus caminhos e meios são álibis tão ociosos quanto indiferentes. Que caçador danado, esse Eros!

3. Um com o outro: ambivalência.
De duas intenções, uma

A mediação pelo menos tornaria inteligível, graças ao devir, o *modus vivendi* dos contraditórios... Mas fluidificando seu conflito agudo; amortecendo sua colisão. Ora, existiria um caso em que os contraditórios são dados ao mesmo tempo, *uno eodemque tempore*? Seria esse caso a *ambivalência* dos sentimentos? Adeus alternância cortês e cômoda vicissitude! Chegamos quase ao ponto mais crítico do paradoxo. O que vai acontecer? Os contraditórios não são dados sucessivamente, isto é, *um depois do outro*, um primeiro e o outro depois, mas simultaneamente, isto é, *um com o outro*: não só em contemporaneidade e sincronia, como experiências justapostas e paralelas, mas em íntima simbiose. Além disso, não haveria mais que a *coincidentia oppositorum*, a identificação milagrosa dos contraditórios. Os complexos que resultam de certas ligas e de certas misturas são, antes, curiosidades psicológicas: eles não suscitam necessariamente casos de consciência. Os sentimentos concluem entre si alianças bizarras e pactos insólitos cuja tonalidade afetiva *sui generis* varia ao infinito, conforme a dominante do amálgama e os componentes associados.

Mas a dualidade de certo modo maniqueísta da boa e da má intenção, do altruísmo e do egoísmo, determina nesse plural um tanto estético uma espécie de reclassificação sumária e uma simplificação aguda. Aproveitando a ocasião: o ódio amoroso não é um ódio, nem mesmo uma mistura de amor e ódio: o ódio amoroso é um amor, uma variedade passional do amor, um amor amargurado pelo fracasso; o despeito amoroso não é um despeito, mas uma outra variedade de amor, um amor exaltado pela decepção e pervertido pelas grosserias. Essa ambigüidade é falsamente ambígua... Melhor ainda, essa ambigüidade é profundamente inambígua! A verdadeira *ambi*valência não é uma mistura no plural, nem é um complexo de sentimentos: a verdadeira ambivalência é uma ambivalência "a dois"; a verdadeira ambivalência é a do homem ao mesmo tempo simples e duplo, *simplexduplex*, mas dilacerado *em dois* (*ambo*), dividido entre dois valores incompatíveis que o puxam cada qual para o seu lado. Temos portanto de distinguir muito cuidadosamente o incalculável plural da escolha e o duelo das intenções. A consciência estetizante, que é psicológica e pluralista, brinca de misturar e combinar indefinidamente as cores na paleta, os sons e os matizes qualitativos dos seus timbres na síntese instrumental; ao amante de pintura e ao diletante ela oferece como espetáculo o espectro das qualidades multicores, em outras palavras, a policromia; ela escolhe numa divertida e pitoresca diversidade de cores e de tons, assim como escolhe numa amável variedade de sabores e de perfumes, depois de comparar os exemplares expostos nas prateleiras e as amostras da coleção proposta ao seu olhar. A comparação do mais e do menos, a apreciação dos graus escalares são os elementos desse comparativo permanente que preside as escolhas da empiria cotidiana. Tendo de resolver o problema empírico da escolha, o apreciador elege sua cor preferida, sua flor preferida, sua canção preferida, seu objeto predileto em cada gênero.

Mas, na escolha que chamamos de *opção*, há no máximo duas possibilidades oferecidas ao nosso livre-arbítrio, como nos pares de contrários (συζυγίαι) do pitagorismo. A escolha, imantada, segundo Leibniz, pelo princípio teleológico do "melhor", sempre implica em algum grau o comparativo, e ela é então preferencial; mas também pode se reduzir a uma decisão, a uma aposta, se não cega, pelo menos arbitrária, quando se motiva por sua própria asseidade: o homem oscila nesse caso entre duas exigências, entre duas soluções ou, como dizíamos, entre o valor e o contravalor que contradiz esse valor. Só há duas possibilidades: nem uma só a mais. Não vale a pena contar! E o Héracles de Pródico também não necessita contar: só há duas soluções contraditórias, o Bem e o Mal; se houvesse uma terceira solução, Héracles não seria mais um herói, e sim um amador. *De duas, uma*: essa é a grande polaridade do tudo ou nada, do sim e do não, do ser e do não-ser, que nos cabe e nos enche de angústia. A abnegação ou a idolatria do eu: é essa a escolha escarpada, vertiginosa que temos de assumir e que chamamos de opção; em branco ou em preto: é esse o efeito de relevo austero, marcado, simplista a que se reduzirão as distrações da policromia e do polimorfismo; não há mais diversificação multicor, há apenas a antítese sem meio-termo. Esses dois compossíveis são, na verdade, duas direções que se dão as costas; ὁδὸς ἄνω, ὁδὸς κάτω: é um só e mesmo caminho, diz Heráclito; mas esse caminho único pode ser seguido num sentido ou no sentido inverso, para montante ou para jusante; subir ou descer. Mesmo que as palavras "do lado direito" e "do avesso" sejam muito mais metáforas espaciais do que experiências temporais, elas têm no entanto um significado intencional e qualitativo. Nas duas opções inversas, são na verdade duas intenções que se opõem. Das duas, uma? Mas antes de mais nada e sobretudo: *de duas intenções, uma!* Porque é a alternativa das intenções que explica e inspira a alternativa das opções. A opção na opção, a única que importa, a única decisiva, porque só ela decide a respeito de tudo no mais recôndito do foro interior, é a intenção. Intenção de ir a algum lugar e movimento nascente, para cima ou para baixo, para a direita ou para a esquerda, para a frente ou para trás, a intenção indica o *sentido*: o sentido como significado, o sentido como direção. Porventura não é também a intenção uma espécie de movimento, um *movimento em direção a*?... Porventura não dizemos: um bom movimento, um mau movimento – e, principalmente, um *primeiro movimento*? Não se pode misturar o bom movimento com o mau, nem combinar com eles não sei que inominável amálgama intermediário: porque não há intermediário, não há *tertium quid!* O Apocalipse tem razão em dizer: "Malditos sejam os tíbios!" Esses movimentos de alma implicam juízos de valor; e, por outro lado, são comoções secretíssimas da consciência... O apólogo de Pródico nos mostra Héracles na encruzilhada das intenções: tomará ele a trilha pedregosa da virtude ou o caminho dos prazeres fáceis? Duas vias divergentes e, inclusive, dois modos de vida cujo bi-querer fará existir seja uma coisa, seja a outra, assumindo-a. A alternativa das intenções, como Bergson tão bem compreendeu, não é uma verdadeira bifurcação, pois só a criamos *a posteriori* ou retrospectivamente e, de certo modo, no futuro anterior, no próprio ato pelo qual adotamos uma das duas opções.

Estando excluído todo e qualquer intermediário entre o bom movimento e o mau movimento, passa-se de um ao outro (e vice-versa) de uma só vez e quase sem perceber, por uma conversão imperceptível: um miligrama a mais ou a menos, um milímetro à direita ou à esquerda, um segundo mais cedo ou mais tarde – e tudo está perdido (... ou ganho!). Mas, antes de mais nada, tudo é impuro em relação ao puro amor puríssimo, em relação à candura e à brancura imaculada da inocência! A assepsia é total, isto é, cem por cento, ou não é. A mistura do puro e do impuro já não é impura, impura ela própria e desde há muito, impura desde sempre, impura desde o começo? Uma gota de impureza, dizia a paradoxologia estóica da "mistura total", bastaria de direito para sujar o oceano inteiro; e, do mesmo modo, um grão de egoísmo, um só grânulo quase microscópico pode tornar suspeita a mais régia das oferendas: porque a generosidade não se fraciona. Que estou dizendo? Um pensamento oculto impalpável bastaria. E menos que isso: o pensamento oculto de um pensamento oculto, a sombra de uma sombra, um pingo de complacência, uma imponderável hipocrisia..., a menor reserva mental que venha se trair em algum lapso revelador – e o bom movimento torna-se um mau movimento, e a boa intenção é instantaneamente viciada até em sua raiz: a frágil, a fugidia virtude, apenas aflorada pelo pensamento oculto diabólico, pelo cheiro de mofo e de enxofre, se encarquilha e se altera totalmente no mesmo instante. Esse apodrecimento é a forma que adquire, no mundo das intenções, o princípio do terceiro excluído! Numa palavra, o verdadeiro problema, para o homem moral, não é o incalculável plural dos complexos, mas o duelo abrupto das intenções: essa disjunção (a alternativa!) nos pergunta insistentemente, pessoalmente, olhando-nos nos olhos: qual dos dois (*utrum*)? um ou outro? E pergunta também: *an... annon?* Não se pode ao mesmo tempo ir para a frente e voltar para trás; não é possível nenhuma síntese entre o ataque e a fuga; a clareza unívoca da coragem não admite nenhum meio-termo, nenhum subterfúgio: o único recurso que ela deixa ao poltrão é a permissão de se transformar em estátua ou desaparecer vergonhosamente debaixo da terra.

4. Um no outro: paradoxologia do órgão-obstáculo. O olho e a visão segundo Bergson. O *se-bem-que* é a mola do *porque*

E eis agora o paroxismo da contradição e do nãosenso, a ponta mais aguda do paradoxo: aqui os contraditórios não advêm *um depois do outro*, conforme uma prioridade cronológica determinada, como no encadeamento da mediação, nem coexistem *um com o outro*, um depois do outro, como na ambivalência, mas estão *um no outro*. A absurda reciprocidade do ser-em não torna a contradição mais escandalosa, ainda mais inextricável? Propúnhamos, a partir de Bergson e de *A evolução criadora*, o que nos permitam chamar de uma *paradoxologia do órgão-obstáculo*: o aparelho sensorial é indivisivelmente órgão e obstáculo, ao mesmo tempo instrumento e impedimento. Como entender o órgão-obstáculo? Quer o termo dizer que o órgão-obstáculo é órgão por um lado e obstáculo por outro, ou, como uma ferramenta dissimétrica, instrumento por um lado e impedimento por outro? Ou ainda, que o mesmo fator é as duas coisas, mas não no mesmo momento – que é ora uma coisa, ora outra, alternadamente, instrumento de dia e impedimento de noite? Que o órgão e o obstáculo alternam conforme a alternância dos dois semestres, alternam conforme a alternância das datas pares e ímpares? Ou quer dizer enfim que o órgão-obstáculo é órgão e obstáculo ao mesmo tempo, mas não do mesmo ponto de vista nem no mesmo sentido, que é órgão de certo ponto de vista e obstáculo sob um outro aspecto? Não, nada disso! Seria querer salvar a qualquer preço o princípio de identidade, e salvá-lo a preço de um truísmo ridículo. O híbrido é órgão e obstáculo no mesmo instante, do mesmo ponto de vista, em toda a sua extensão, assim como em toda a sua compreensão, logo independentemente de qualquer *quatenus*! Por exemplo, o ego é fisicamente o obstáculo fundamental e permanente que me desvia de outrem e ao mesmo tempo, e *por isso mesmo*, é a condição fundamental do altruísmo. Nossos *distinguo*, aliviando a tensão dos contraditórios, normalizariam no ato o paralogismo... Sem dúvida! Mas eis-nos novamente remetidos à mais discursiva das mediações! É em toda a sua extensão, e em sua própria essência, que a visão e a audição são ao mesmo tempo obstaculizadas e tornadas possíveis: elas são tornadas possíveis por e no próprio fato do seu impedimento! Não é o cúmulo? um desafio? uma espécie de provocação? E no entanto, quando se compreende isso, compreende-se tudo o que havia a compreender a esse respeito. Georg Simmel[7] encontrava esse desconforto, essa feliz negação, essa boa estreiteza nas obras de cultura, dança e poesia, assim como na vida dos organismos, e chamava isso de "tragédia", porque essa contradição é aparentemente uma miséria, mas essa miséria, por sua vez, é *por isso mesmo* e *paradoxalmente* a condição de toda fecundidade: a condição e o preço a pagar, como vocês quiserem, conforme vocês prefiram a versão otimista ou a versão pessimista! Contra toda lógica, o *se-bem-que* não faz mais que fortalecer o *porque*; o *apesar*, reforçando a causalidade, é inexplicavelmente uma *razão a mais*! A miséria nisso é o desconforto providencial e a estreiteza bem-vinda, assim como a gravidade é a condição, a desconfortante condição da graça que a supera! Se

---

7. "Der Begriff und die Tragödie der Kultur", in *Philosophische Kultur*, 1911, pp. 245-77. Publicado no mesmo ano no *Logos* russo (Moscou, "Musagète", 1911, t. II, pp. 1-25).

o paradoxo é a contradição professada, o órgão-obstáculo é o irracional que se tornou viável graças ao movimento. Na indivisão do órgão-obstáculo, a coincidência dos contraditórios não é diluída por uma mediação, nem amortecida pela ambigüidade de uma ambivalência, mas cuidadosamente dissimulada e tornada invisível. O órgão não é simplesmente o órgão, de uma maneira unilateral e unívoca: é assim que ele aparece, sem dúvida, na evidência primária e física da experiência; ferramenta de trabalho, instrumento de música, arma de guerra, o órgão é aquilo graças ao que a ação e a obra (ἔργον) são possíveis, e é portanto todo positividade: o balanço do órgão-obstáculo, se pararmos o cálculo das perdas e ganhos, se mostra "globalmente positivo"! A ênfase será pois no otimismo. Mas o que é exotericamente positividade *também* pode se revelar esotericamente, à análise e para a reflexão, e ainda mais para o raciocínio, um obstáculo, uma negação e, invisivelmente, uma limitação partitiva. O sobrenaturalismo platônico tornou-nos familiar a inversão das evidências: a aparência, que é a própria evidência na ordem física da empiria, é eminentemente controversa na ordem da metaempiria ou da metafísica. E, inversamente, o obstáculo por sua vez não é unilateralmente um obstáculo, um simples obstáculo cuja única e absurda função seria de fazer obstáculo; porque, se os olhos impedissem a visão, pura e simplesmente, então teríamos de concluir: o homem veria melhor sem os olhos! Uma visão gloriosa, uma visão angelical e que nada impede não é uma visão infinitamente clarividente, mas antes uma visão cega: cega porque não obstaculizada, cega porque "adialética". O que não tem obstáculo não tem, por isso mesmo, órgão (ἄνευ ὀργάνου). *Uma visão efetiva é uma visão dificultada* ou, como Bergson explica muito lucidamente, uma visão "canalizada"[8], e o nervo ótico é, de certo modo, o símbolo dessa "canalização". Nós mesmos dizíamos na linguagem de Bergson: a canalização exprime as duas coisas ao mesmo tempo: o impulso vital – no caso, a marcha rumo à visão – e a resistência que limita essa marcha, guiando-a, determinando a sua direção e a força do seu impulso, mais precisamente, tudo acontece como se a visão "escolhesse" um *campo* e um *alcance* sem os quais ela permaneceria indeterminada, isto é, cega; tudo acontece como se a audição reservasse para si um certo setor na escala ou na sucessão de sons, setor aquém e além do qual só haveria silêncio. Em todas as coisas, é a permissão limitada, sortida de obstáculos e circunscrita por vetos, que torna possível a ação. Quem é todo o mundo não é ninguém; quem está em todo lugar não está em lugar nenhum. Para ser alguém e estar em algum lugar é preciso renunciar à universalidade e à onipresença. Lembremos nesta ocasião: o efeito de relevo a que a negação deve sua energia não passou despercebido nem a Bergson nem a Schelling... A estreiteza é, de certo modo, a condição tácita de toda verdadeira presença pessoal.

Chegando a esse ponto, talvez devamos provisoriamente concluir (porque toda conclusão, aqui, é provisória): o órgão-obstáculo do amor e da vontade moral é infinitamente aporético e desconcertante ao infinito; nunca se vai até o fim e até a fina ponta da boa vontade, mas nunca se toca tampouco o fundo da má vontade: esta é tão insondável quanto aquela é inatingível; a vontade moral e a testemunha que a julga oscilam sem fim entre

---

8. *L'Évolution créatrice*, cap. I, pp. 94-5 (édition du Centenaire, p. 575); cap. IV. Trad. bras. *A evolução criadora*, São Paulo, Martins Fontes, 2005.

os dois pólos, num batimento alternado muito parecido com o que descrevíamos como sendo a quarta escapatória. Auscultemos mais atentamente essa vibração, esse batimento de um coração indeciso. O obstáculo-órgão é obstáculo do mais fundo de si até seu cimo, como se verificará ao descobrir os móbeis infinitesimais do comprazimento; e, inversamente, o órgão-obstáculo é um órgão não apenas pelos meios positivos de que faz uso para nos pôr em relação com o mundo, mas indiretamente pela própria limitação desses meios: porque toda negação é determinação. Não basta dizer que o poder da vontade moral está relegado a uma zona intermediária: a vontade pode o que pode, *apesar* do obstáculo e, por isso mesmo, *graças* a ele! Não há uma espécie de perversidade metafísica em exprimir isso desse modo, numa linguagem tão violentamente contrária a todo bom senso? O *se-bem-que* seria uma das molas propulsoras paradoxais do *porque*: melhor ainda, o elemento concessivo, e, por conseguinte, indireto, seria mais eficiente e mais decisivo do que a causalidade simples!

5. Esse batimento de um coração indeciso. Uma mediação aprisionada numa estrutura

E no entanto essa contradição congelada, paralisada, petrificada que chamamos de órgão-obstáculo não tem caráter moral; essas duas palavras soldadas numa só não correspondem a uma problemática moral. Mais ainda que a mediação, o órgão-obstáculo é subtraído ao futuro: a mediação é orientada tendo em vista um fim; pelo menos o fim sucede, ficticiamente, aos meios; já o órgão-obstáculo não leva absolutamente em conta o tempo: ficamos tentados a dizer que o órgão-obstáculo é uma mediação imobilizada, aprisionada numa estrutura; tese e antítese nos são dadas juntas e tais quais, já escolhidas, já dosadas e no mesmo pacote. Bergson, sublinhando o contraste entre a maravilhosa complexidade do olho e a milagrosa simplicidade da visão, encontrou para dizê-lo uma linguagem admirável que lembra a antiteleologia de Schopenhauer[9]: basta que o olho se abra, e a visão se realiza; e isso sem nenhum problema! A mediação (admitindo-se que se possa usar aqui tal linguagem) se concentra por inteiro no funcionamento do órgão. Resultando de uma interpenetração indissociável de forças inibidoras e de forças positivas, o órgão-obstáculo não é apenas um fator de inércia e um elemento retardador, mas também o ponto de inserção da consciência e da vida no mundo. Liga desconcertante e irracional por excelência! Conspiração impossível de frustrar! O instrumento e o impedimento, longe de se contradizerem ou de se paralisarem mutuamente, cooperam em ato para redundar nessa estrutura ao mesmo tempo estável e instável, mas em todo caso essencialmente viável, que chamamos de ser finito. Porque o órgão-obstáculo é um monstro perfeitamente domesticado. O regime normal desse ser é a perfeita adaptação ao estatuto de "anfíbio": ele não vive duas vezes ao mesmo tempo, nem em dois planos paralelos; ele não se sente duplo; ou, melhor dizendo, ele não sente nada, não percebe nada: no estado normal, o complexo alma-corpo vive a sua existência psicossomática numa experiência simples e indivisa que é a própria verdade do imediato. Σῶμα σῆμα. Esse paradoxo órfico é uma bela metáfora reforçada por um trocadilho... Mas o ho-

---

9. *L'Évolution créatrice*, p. 89 (édition du Centenaire, p. 570).

mem "encarnado" não se sente encarcerado. Uma alma ingênua não se sente na prisão em seu corpo. Falando propriamente, uma alma ingênua e saudável não se sente nem sequer *em* seu corpo: ela vive ingenuamente sua existência corporal sem se colocar nenhuma questão. Sentir-se mal ou apertado no espartilho do corpo não é um sintoma de neurose? Na melhor das hipóteses, é uma reflexão retrospectiva, sortida de uma metáfora, sobre a natureza do *vinculum* psicossomático. A não ser que seja simplesmente literatura... Isso é ainda mais verdade no caso do ser em geral, na medida em que o fato de ser é perfeitamente abstrato e insensível: o homem duplo e simples, *duplex-simplex*, não percebe diretamente, no estado normal, o peso e a inércia do seu ser-próprio, assim como o homem médio não percebe o peso da atmosfera. Fala-se às vezes do peso do ser, da dificuldade de ser, como se o ser nu, *Esse nudum*, pudesse ser pesado ou leve, mais ou menos pesado, mais ou menos leve: mas ser é o mais geral, o mais indeterminado, o mais vazio e insípido e incolor de todos os verbos, o menos técnico também, e designa por isso mesmo o mais elementar e o mais neutro de todos os significados. O ser sem qualidades representa de certo modo o grau zero da relação e do sentimento. Atendo-nos às metáforas, seria sem dúvida preferível falar de uma tara, ou melhor, de uma gravidade sem peso, de uma maldição metaempírica e destinal: essa tara, que, sem ter nada em comum com um pecado original, gravaria *a priori* o ser finito, não podemos nem descartá-la, nem sentir concretamente a angústia desse fardo.

6. A picada da farpa, a queimadura da cinza, a mordida do remorso. O escrúpulo

Mas a tara invisível e insensível às vezes se torna dolorosa: é o caso quando o órgão-obstáculo começa a ranger e a capengar por efeito da dor e da doença. A doença é o desregramento do órgão-obstáculo. Normalmente, a visão é a coisa mais simples do mundo: simples como um bom-dia; basta erguer as pálpebras... e, antes de termos tempo de pronunciar os dois monossílabos, *Fiat Lux*, a luz já ilumina todas as coisas à nossa volta. Mas, quando um cisco minúsculo de carvão se aloja em nossa córnea, a coisa mais simples do mundo e mais fácil se torna a mais difícil: num instante tudo se torna obstáculo, num instante o exercício da função mais natural vira um problema; a contradição que estava latente no órgão-obstáculo tornou-se um desconforto insuportável e um impedimento de viver. A doença e a dor problematizam o que não era feito para ser um problema. Adeus, adaptação! O *é evidente* da existência vegetativa não é mais evidente! A continuação do ser, do ser puro e simples, não demandava nenhum esforço particular, não era sujeita a nenhuma condição técnica, não implicava nenhuma preocupação concreta de nenhum tipo: mas a dificuldade de viver pode exigir um esforço – e que esforço! – e implicar inúmeras preocupações; e, mais ainda, em certos casos patológicos, a dificuldade de respirar é causa de angústia e de opressão e requer uma intervenção urgente. As funções de um corpo saudável são desempenhadas em geral na mais completa insensibilidade, e Schopenhauer sem dúvida tem razão de considerar o sentir como o grau infinitesimal do sofrer. Se a felicidade perfeita não tem história, é mais verdade ainda que a saúde feliz é bem-aventurada principalmente na anestesia e na analgesia gerais. Mais um passo à frente: assim como o feliz equilíbrio do órgão-obstáculo está à mercê de uma farpa na carne ou de um cisco no olho, assim também a feliz harmonia de uma boa consciência em que os prazeres sadios estão em paz com as boas obras, essa bem-aventurada consonância está à mercê de uma dissonância infinitesimal. O que responde aqui à picada da farpa e à queimadura do carvão é a mordida do remorso. No entanto, a analogia, embora ajude a compreender, não passa de uma analogia: ela sugere sem explicar. O remorso, mal-estar moral e, por conseguinte, sobrenatural à sua maneira, é de uma ordem bem diferente da dor dos órgãos, assim como o escrúpulo gratuito é de uma ordem bem diferente da preocupação egoísta. Escrúpulo e preocupação são duas formas de aporia... Mas a aporia preocupada, que põe em fuga a euforia, se forma inicialmente a partir do cisco e em torno do interesse-próprio, quando este é lesado; ela gera o simples pesar. E a aporia escrupulosa, que está na origem da má consciência, se forma por sua vez em torno de uma liberdade culpada e a partir de um valor ultrajado.

Em presença da dupla estrutura chamada órgão-obstáculo, a ação é despojada da sua função natural, que é a solução de um problema ou a reconciliação dos contraditórios. Mas a problematização moral desestabiliza a perfeita adaptação recíproca da "alma" com o "corpo", e isso não por força, como no caso da doença, mas gratuitamente, por nada e, aparentemente, sem nenhuma razão. Por exemplo: temos não sei que absurdo escrúpulo em apreciar um prazer perfeitamente inocente, sentimos não sei que repugnância insuperável em aceitar uma soma de dinheiro que nos é incontestavelmente devida;

uma voz secreta cochicha e *remurmura* em nós, mandando baixinho que recusemos esse dinheiro, que renunciemos a essa facilidade. Nada mais, sem dúvida, que um vago mal-estar ou um pudor inexplicável. O feito-dado da simbiose já não é evidente; a sacrossanta evidência do meu prazer e a legitimidade intocável dos meus interesses não são mais o centro do mundo; minha glória pessoal deixou de ser, para mim mesmo, a Lei e os profetas. A presença de outrem, que o regime da boa saúde, do bom humor e da boa consciência bem contente punha entre parênteses, essa presença reorganiza em torno dela todo o universo dos valores; meu próximo é agora meu único dever, minha preocupação permanente e, às vezes, até meu remorso. Acabou-se a nossa serenidade. Entre um egoísmo sufocante, bestial, que ocuparia todo o lugar no ego, e uma sublimidade angelical, em que o sacrifício, à força de ser natural, não custaria mais nada e já nem teria sentido, há lugar para uma zona intermediária: a do sofrimento humano e da inquietude moral. Zona de instabilidade e de tensão, em que reinam as turbulências passionais. É o mundo do homem dilacerado, dividido, ensangüentado; o ego e o amor puxam cada qual para o seu lado e nos deixam ofegantes em nossa confusão moral. Unamuno, meditando sobre Pascal e o "Mistério de Jesus", fala de uma angústia *agônica*. Ἀγών, ou combate: duas forças estão em luta, duas forças que se desmentem uma à outra. Mas a agonia de que fala Unamuno e que ele crê reconhecer no Crucificado de El Greco, essa agonia não é simplesmente um duelo em que se enfrentariam duas forças antagônicas em liça uma com a outra; essa agonia não é um torneio singular, muito menos um debate em que o egoísmo e o amor se mediriam. Na verdade, o enfrentamento se dá dentro do amor, é interno a esse amor mesmo. Porque o antiamor não é apenas a condição contraditória do amor, como nos sugeria o paradoxo do órgão-obstáculo, mas é também seu ingrediente constitucional; o ego é um componente fundamental do altruísmo... E, inversamente, o altruísmo sufocado pelo ego é levado a se entrincheirar ciosamente no recinto da filáucia. Os dois, em suma, dão na mesma e são verdadeiros juntos: o ser, assim como o antiamor, nunca é niilizado e cochila em total desinteresse; o egoísmo esquecido dorme com um olho só. Mas o altruísmo, por sua vez, é o remorso permanente do ego: o homem nunca é egoísta a fundo, como La Rochefoucauld crê demonstrar. No entanto, ele também não é capaz de escapar extaticamente de si mesmo, nem de se tornar inteiramente, ele próprio, inteiramente o outro, como prescreve Fénelon. Em suma, ele fica a meio caminho, ora a ponto de mergulhar no seu ser-próprio sem amor, ora a ponto de evaporar em amor e não-ser. Às vezes se diz: o fundo continuou bom, o fundo continuou sadio. Mas se poderia dizer igualmente, numa outra ocasião: o homem é fundamentalmente mau. E, aliás, a intenção moral tem um fundo? Ela não é, ao contrário, insondável? Nas areias movediças da intenção afundamos infinitamente! Mas é aqui que a situação instável do *seramante* aparece como uma situação intrinsecamente contrariada, e até contraditória, como uma situação *quase* impossível ou, mais simplesmente, como uma tragédia, no sentido que Georg Simmel dá a essa palavra. Existe de fato um antagonismo insolúvel, uma contradição irredutível entre o amor e a condição *sine qua non* do amor, contradição tão derrisória que poderia facilmente parecer um não-senso oculto no próprio cerne do problema moral: a contradição é de fato literalmente *in adjecto* –

tanto que ela nem dá ao problema moral tempo de se colocar, nem à boa vontade o prazo necessário para escolher; a boa vontade se encontra face a face com o dilema que a paralisa *in loco*. É para desanimar! Mas, como o absurdo coincide, no limite, com a ironia, é para rir também. O egoísmo, por definição, desmente o amor e, no entanto, no mesmo ato, o amor supõe, ou até pressupõe vitalmente o ego que é sua condição irrisoriamente, paradoxalmente, contraditoriamente vital. O ego apaixonado replica no trampolim da sua egoidade. O mais incompreensível de todos os desafios! O que impede de amar é precisamente o que atiça o fervor do amor, ou mesmo, simplesmente, o que torna o amor possível...

7. O antiamor (mínimo ôntico), órgão-obstáculo do amor. Para amar é preciso ser (e seria preciso não ser!), para se sacrificar é preciso viver, para dar é preciso ter

O amante, ainda que pare cedo demais de se dedicar à amada, se capitula ou renuncia mais depressa do que o necessário, se não espera morrer de amor, se antecipa seu próprio esgotamento, esse amante apressado demais não admite de direito, não reconhece *a priori* e antecipadamente nenhuma limitação a esse amor infinito... Porque, como mostramos, pode-se morrer de amor: na falta de *se realizar na* morte, o amor pelo menos pode *levar à* morte; loucamente, paradoxalmente, o amor tende ao seu próprio não-ser! Essa cláusula que onera irracionalmente o amor se chama finitude; mas ela também é a fatal *servidão* que endivida o amor. A servidão diz não, mas, na medida em que é finitude, diz ao mesmo tempo sim e não, afirma recusando (ou renunciando), instaura a existência pessoal circunscrevendo-a e sofrendo seu limite, isto é, a morte. Ora, a servidão do amor, ou, numa palavra, a matéria, não é apenas a contradição inerente a um não-ser que, no limite, *nega* o amor, é também, e reciprocamente, a derrisão de um ser que o *renega*... fingindo afirmá-lo – de um ser que no entanto é preciso preservar. Infelizmente, aqui o renegamento, às vezes parcial ou provisório, seria antes irônico. É esse, de fato, o cúmulo da derrisão: o obstáculo por excelência, o obstáculo fundamental, é justamente o próprio ser! E o obstáculo dos obstáculos é, como se fosse de propósito, a condição das condições. Não é para rir? Ser não é um pecado que teríamos cometido um belo dia, já que é um dado pré-dado e uma espécie de *a priori*. Para você e para mim, esse *a priori* nunca começou, nunca chegou. Ora, esse *a priori* é a servidão do amor, o *mínimo ôntico* que o *máximo ético* tolera e pressupõe para sobreviver; ou, inversamente: é a tara descontada do impulso espontâneo do amor, o coeficiente de inércia desse impulso. Ora, o mínimo ôntico estrito ainda é muito mais mínimo (se assim podemos dizer) do que o mínimo vital! Perto do mínimo ôntico, o mínimo vital é quase um luxo! O mínimo ôntico é "cem por cento" incompressível, e nenhum ascetismo poderia ir aquém (além?) sem se acapachar no nada. Se a abnegação não pára a tempo na niilização do ser-amante, como distinguiremos a abnegação da negação pura e simples, isto é, da negação que num só movimento suprime ao mesmo tempo o problema e o portador do problema? Em princípio, a abnegação prescreve ao amor amante se dar, se dedicar de corpo e alma ao amor amado, que é a segunda pessoa do amor; a primeira pessoa do amor deveria se perder com uma perdição total na segunda. Viver para outrem: é esse, ao pé da letra, o mandamento impossível. Viver para outrem? Mas meu coração bate para mim e meu sangue corre para mim; e é somente para mim que eu respiro; e é também só em mim que sofro. Com maior razão, o mínimo ôntico, que é por assim dizer o pedestal material e a nua substancialidade do ego, representa o elemento irredutível em toda ipseidade. O mínimo vital é, certamente, a condição da minha subsistência, da minha persistência e da minha consistência, ou mesmo da minha existência; mas o mínimo ôntico é a condição do meu *ser*; do meu ser a seco; do meu ser em geral; e é a condição absolutamente elementar, a condição de todas as condições, já que condiciona todas as outras. Ser: eis a condição prévia por excelência (κατ'ἐξοχήν), não no sentido de um *a priori* formal e gnoseológico, mas justamente no sentido de um pressuposto ontológico. O verbo ser, dizíamos, é o verbo fundamental, o mais geral e o mais indeterminado, o mais neutro e o mais vazio, o menos técnico por conseguinte, já que não requer nem esforço, nem aprendizado, nem especialização de nenhum tipo: porque para ser é só ser! A improvisação basta. Sobretudo, o fato de ser não tem gosto nem sabor, não tem qualidades psicológicas e, portanto, exclui toda e qualquer sensualidade. O não-ser da morte resolve *a fortiori* e de uma só vez, da maneira mais radical e mais expeditiva, todos os compromissos de uma vida ativa, sem que seja necessário enumerar nem detalhar nem desmarcar os encontros um a um! E, inversamente, a cláusula do ser é a condição sem a qual (*sine qua non...*) todas as outras condições são ineficazes e sem força, mas que, por si só, é uma simples permissão puramente negativa e é, portanto, uma condição necessária e insuficiente. Não obstante o que se faça, e quase por definição, o ser parece preexistir ao fazer: assim exige a lógica da ontologia; ou, pelo menos, é essa a grande verdade de La Palice, como aquele truísmo substancialista que, em virtude de um círculo incuravelmente vicioso, nos remete à mais abstrata das verdades e não nos ensina nada sobre nada... Seja para amar, seja para brigar, seja para jogar malha, a condição prévia das condições prévias, em todos os casos, é existir. Se não se começa por isso, nada começará. Primeiro: para amar, é preciso existir! É o mínimo dos pressupostos, e é o pressuposto dos pressupostos, subentendido em todos os outros. Segundo: para "se sacrificar", é preciso viver. Para que eu possa "me sacrificar", por favor, deixem-me uma coisinha à toa, um derradeiro sopro de vida, algumas migalhas de existência, um quase-nada; deixem-me meu pobre mínimo que mal é ôntico, que é quase meôntico, para que eu possa dele fazer oferenda a alguém; não há nada a sacrificar quando não se tem nada a perder. Independentemente inclusive da decisão moral do sacrifício, é a morte em geral que toma a seriedade emprestada do pressuposto ôntico. Para morrer, é preciso previamente viver: porque quem não vive não morre. Por exemplo: o Cáucaso não vive, logo o Cáucaso não morre. É esse o caso das coisas minerais. O que vive uma existência vegetativa apenas morre: muito tarde e muito lentamente. Quem vive sossegadamente e como que em estado de espera costuma se extinguir lentamente: é essa a sina da existência média, de uma existência que transcorre a meio caminho entre o viver e o morrer, e que nunca está nem verdadeiramente viva nem verdadeiramente morta. Em compensação, o homem que vive intensamente morrerá apaixonadamente, às vezes heroicamente: é o destino das vidas breves, e é também o destino do herói cuja existência dramática é incessantemente ameaçada, incessantemente reconquistada e finalmente perdida outra vez. Perdida para sempre! Até o momento em que o minuto supremo se tornará iminente, o herói e o poeta terão com sua breve existência, com sua terrível aventura, uma relação inspirada que vivem com toda a sua alma e com todo o seu ser. Terceiro: para dar é preciso ter; se não se possui nada, o dom que se faz é uma simples pilhéria, uma brincadeira de mau gosto. Dar o que não se tem é a especialidade dos charlatães, dos escamoteadores e dos escroques... Ou melhor, não! Por que falar uma linguagem tão vulgar, com pensamentos tão vulgares? Dar o que não temos é um milagre. É o milagre do gênio criador e dos homens excepcionalmente generosos. O amor não se embaraça nem com o princípio de não-contradição nem com o princípio de conservação: ele dá incompreensivelmente o que não tem, e cria-o não apenas para dá-lo, mas *dando-o*, e no ato milagroso da própria doação; por isso é inesgotável e inexaurível! Jean-Louis Chrétien lembra-nos isso a propósito do Bem de Plotino, e, com ele, nós também o lembramos. O Bem dá o que não tem e, inversamente, podemos acrescentar: o que ele deu, ele ainda tem[10]. Ou, como escreve Sêneca: "*Hoc habeo quod dedi*" – o que dei, inexplicavelmente, eu ainda tenho. Eu tenho embora não o tenha guardado, embora não o tenha conservado hipocritamente ou sob outra forma, embora eu o tenha sinceramente dado, sem trapaça nem segunda intenção interessada, nem artimanha mercenária, por conseguinte, sem esperança de volta. O criador não precisa entesourar nem fazer economias: economias e tesouros, ele próprio os renova, esbanjando-os. Assim

---

10. Jean Wahl, *Études kierkegaardiennes*, nova ed., p. 614.

é a generosidade da natureza primaveril! O criador não precisa *ter* para *dar* e, vice-versa, não empobrece dando, e não precisa tampouco sair de si para se dar. Comprida é a lista dos paradoxos do lugar e da quantidade que Plotino enumera com a intenção determinada de causar escândalo, de desafiar a lógica dos mesquinhos e a aritmética dos que ganham pouco. Ó maravilha! Quanto mais dou, mais possuo... Em que pé-de-meia, em que cofre o bilionário indigente obteve esses tesouros que joga pela janela? Mas os dons do humilde amor cotidiano não são tão sublimes quanto o "milagre das rosas"[11], nem tão inesgotáveis quanto as bênçãos da Providência ou a verve da natureza na primavera! Eles tendem às vezes assintoticamente a se confundir com os dons gratuitos da caridade, mas só alcançam esse limite de forma fugaz, numa tangência impalpável e infinitamente leve. O amor indigente é de maneira trabalhosa, dolorosa, extraído dos recursos que não se renovam indefinidamente. Um dom à medida das possibilidades humanas implica sempre algo de partitivo; um dom, pelo simples fato de ser um dom, é relativo a uma espécie de referencial; um dom sempre faz mais ou menos alusão a alguma outra coisa que não se dará, que se prefere provisoriamente manter de reserva; o dom partitivo regateia um pouco ou *reconsidera*. Que estou dizendo? No próprio gesto da oferenda, nesse gesto eferente da mão estendida, e estendida não para receber ou para mendigar, mas para dar, já se pressente a retração nascente, o refluxo virtual apenas esboçado; no gesto de oferecer já há o gesto de reter ou de retomar, que, como uma longínqua resistência, neutraliza imperceptivelmente a espontaneidade doadora.

---

11. Franz Liszt, *A lenda de santa Elisabeth*, 1.ª parte, n.º 2.

O MAL MENOR E O TRÁGICO DA CONTRADIÇÃO 153

Esse efeito secundário de refluxo nós chamamos de *reconsideração*. Esse refluxo quase imperceptível é a reticência secreta que ensombreia as nossas resoluções mais generosas. A reconsideração é a sombra da finitude projetada no altruísmo por um egoísmo ainda à espreita! Porque o quanto-a-si está sempre de sobreaviso... Na própria secundariedade desse contragolpe ainda se pode reconhecer a alternativa, isto é, o efeito de relevo que dramatiza toda generosidade humana, que torna todo sacrifício dilacerante e apaixonado. Na luz do dom partitivo, um dom infinito, um dom total seria principalmente uma figura de retórica: não doação disto ou daquilo, deste ou daquele haver (um presente, por exemplo), mas dom do próprio ser e por inteiro, doação de si por si mesmo; esse dom hiperbólico e transcendente corre o grande risco de ser um não-senso... ou uma bela metáfora. Não tem importância: o homem é capaz de conceber esse dom divino que o eleva acima de si mesmo e do princípio de identidade. O homem improvisador *se torna citarista tocando cítara*. Aristóteles conhecia esse particípio presente da contemporaneidade e da extemporaneidade em que se entrevê a virtude drástica e mágica do dom criador: o aprendiz, tornando-se subitamente senhor e causa de si na graça de um instante, supõe o problema resolvido e rompe o círculo maldito; diz adeus à alternativa miserável do dar-guardar, corta o nó górdio e assume a aventura do dom sem compensação.

Para amar, é preciso ser. E, para amar verdadeiramente, seria preciso não ser. Para amar é preciso ser, mas para ser é preciso antes de mais nada amar: porque quem não ama é um simples fantasma. E, do mesmo modo: para fazer, é preciso ser, por definição. Mas principalmente: para ser verdadeiramente, intensamente, apaixonadamente, é preciso antes de mais nada fazer, agir e criar! Que solução encontraremos para essa insolúvel contradição? que saída para esse impasse? A condição da existência desmente a vocação; e, vice-versa, a vocação – amar, criar, dar, lutar – tem paradoxalmente por condição seu próprio contraditório: o ter, que é a negação do dar, o ser, que é a negação do amor. A tragédia do dilema põe em jogo uma lógica extremista de que o desespero seria a conseqüência; esse desespero não é um sentimento psicológico que admitiria gradações e *dégradés* e cujos componentes seriam dosados ou combinados segundo uma sábia posologia: é um caso limite; o trágico, nesse caso, tem por essência a tensão extrema e passional do impossível-necessário, cuja solução seria teoricamente a morte... se a morte fosse uma "solução"! O desesperado pode dizer, como santa Teresa, se bem que num sentido bem diferente: "Morro de não morrer", já que em ambos os casos, quer sucumba, quer sobreviva, ele está condenado à morte. Portanto ele só pode optar, se assim podemos dizer, entre duas formas de nada: o nada do amor-sem-ser e o nada do ser absolutamente privado de amor; porque, embora os dois "nadas" sejam um só e mesmo nada, o nada do puro amor-sem-ser e o nada do ser-sem-amor não são de modo algum indiscerníveis um do outro. Além disso, o impossível-necessário, por excluir todo meio-termo, se exprime no duplo veto *nem com nem sem*, que resume todo o trágico da situação insolúvel para um ser cruelmente dividido. Devemos considerar o ser-amante como uma entidade com eclipses, que ora seria ser-sem-amor, ora amor-sem-ser, alternadamente? A irreversibilidade da morte nos veda admitir essa idéia absurda de duas fases alternantes... Nesse caso, seria talvez mais filosófico invocar a metáfora do batimento vibratório, no sentido que dávamos a esse batimento ao falar da "quarta acrobacia". *Viver para ti a ponto de morrer*, dizíamos; esse heróico absurdo, essa contradição insuportável de se viver é vivida no instante como uma morte continuada que é, ela própria, a sombra de uma ressurreição continuada, que é, ela própria, a inversão e o negativo dessa ressurreição. O batimento dilui de certo modo o exclusivismo e o dilema dos incompatíveis que se recusam a coexistir. Mas, na verdade, a vibração escamoteia e retarda a inelutável falência a que a opção por fim nos acua; porque devemos, no fim dos fins, escolher de duas, uma: ou morrer de tanto viver para outrem... e renunciar de qualquer modo a viver para outrem ao renunciar indiretamente à vida, demitindo-nos pura e simplesmente da vida; ou viver renunciando a nos dedicar de corpo e alma, viver reservando fraudulentamente, clandestinamente, uma coisinha, viver trapaceando; o indigente que não poderá se sacrificar até o fim subtrai e contrabandeia algo de si mesmo, ou põe sub-repticiamente de lado essa alguma coisa, nem que com a simples intenção de retomar forças e conservar um pai para os seus filhos, um esposo para a sua esposa, um combatente para a cidade... Como não perdoaríamos os que fazem greve de fome e trapaceiam um pouco em seu jejum, com a única intenção de jejuar por mais tempo? A ética dos revolucionários russos fechava os olhos para esse piedoso contrabando, para esses pequenos desvios clandestinos em relação à letra do jejum, em circunstâncias em que o que importa não é a pureza religiosa da penitência, mas a eficácia pragmática, a exemplaridade moral e, numa palavra, a seriedade da demonstração militante... E o que importa não é tampouco manter uma aposta ou bater um recorde esportivo, mas lutar por uma causa. Por isso é preciso saber ceder a tempo, justo antes da derradeira extremidade: o heroísmo seria então renunciar ao martírio e ao belo sofrimento. Quando se passa pela prova da dor aguda e sem esperança, é recomendável, engenhoso, altamente moral tapear o adversário e se alimentar escondido. É a própria abnegação que exige imperiosamente que cada homem sobreviva, para que o sacrifício não seja um suicídio. É a própria abnegação que nos aconselha tal coisa: viva um pouco e de vez em quando para você, se quiser viver para os outros! Nesse caso, a fraude, longe de ser uma trapaça inconfessável, é ao contrário o mais sagrado dos deveres. Em todo imperativo moral, notadamente na exigência de altruísmo, a partir do momento em que ela é levada ao extremo e ao absoluto, há um absurdo nascente, ou uma "demoníaca hipérbole", como diz, não sem uma pitada de humor, o sexto livro da *República*: porque o Bem não é essência, mas está além da essência, ἐπέκεινα τῆς οὐσίας[12]: e é sabido que o hiperplatonismo de Plotino ultrapassará o céu das essências e do inteligível, não com humor, mas para valer. Aliás, Platão, no *Fedro*, acaso não fala de um delírio de amor? Nossa finitude de criaturas mortais, confrontada com a infinidade, com a imensidão do dever, a desproporção e o desequilíbrio que daí decorrem, tudo isso explica suficientemente a miséria e a impotência das soluções morais; e, quando se invoca a finitude, há que compreender não apenas a brevidade da vida em geral e a possibilidade de morrer a qualquer instante, mas também a modicidade dos nossos recursos vitais e a fragilidade intrínseca de toda existência humana. É por isso que às vezes somos fadados aos pequenos furtos, às pe-

---

12. *República*, VI, 509c. Cf. 509b.

quenas artimanhas, às pequenas desonestidades e aos lamentáveis sofismas da hipocrisia.

8. O obstáculo e o fato do obstáculo (origem radical). Por que em geral seria necessário que...

Pode-se dizer: é o ser que constitui um obstáculo ao dever e ao amor... Tudo pode ser dito! Mas esse paradoxo insensato é dificilmente suportável, mesmo quando se toma a piedosa precaução de batizar o obstáculo de órgão-obstáculo. Tal eufemismo é sério? Um eufemismo é, ao pé da letra, um verbalismo. Compreendamos porém que esse desmentido interno é a própria condição da vocação moral e a garantia da sua dignidade. Qualquer que seja a sua forma, o arrancamento chamado sacrifício implica a dilaceração sangrenta e a dor; e essa dor não poderia, em geral, ser nem poupada nem eludida. Essa dor irrecuperável não é um desconforto extrínseco e "dispensável" que poderíamos sem maiores conseqüências escamotear ou evitar: mesmo depois da cicatrização, o dilaceramento deixa um vestígio que é ao mesmo tempo o preço pago e a assinatura da alternativa. Ou melhor: todo vestígio se apagará, mas o *vestígio do vestígio*, o vestígio "com expoente", não se apagará: esse vestígio é indelével, assim como a doença do irreversível é incurável. E aproveitando a deixa: *Mors certa, Hora incerta*. Nunca é necessário morrer nesta ou naquela data, desta ou daquela doença; mas o *fato da* morte, a necessidade de morrer em geral, mais cedo ou mais tarde, de uma maneira ou de outra, é absolutamente inelutável e não conhece nenhuma exceção. Nenhuma dor considerada em particular é indispensável, nem incurável, nem sacrossanta: por exemplo, o parto sem dor não provoca a cólera de Deus; mas a doloridade, isto é, o *fato de* sofrer em geral, mais cedo ou mais tarde, de uma forma ou de outra, é inelutável. A causa deste ou daquele sofrimento pode ser eliminada: assim é que, por excisão, tira-se uma farpa enfiada na carne. Mas o *fato da* dor em geral, e o simples fato de que o sofrimento seja possível nesta terra, quem vai curá-lo? E *por que em geral seria necessário que* o ser-amante fosse doente da doença do ser? Porque o ser é a doença que o fará morrer: a doença dos doentes e a doença dos saudáveis... Schopenhauer talvez nos houvesse dito que a positividade do sentir e a negatividade do sofrer são a frente e o verso de uma mesma finitude. Mas a partir daí os sofismas estão à espreita de quem não é capaz de compreender a correlação paradoxal entre o órgão e o obstáculo. Se o ser é a doença incurável do ser-amante, só se poderia curar este pela supressão pura e simples do seu ser... Mas isso é uma piada de mau gosto! O não-ser é evidentemente, e *a fortiori*, a cura radical e simultânea de todas as doenças, tanto das doenças mais graves quanto dos pequenos machucados: porque não se pode ter todas as desgraças ao mesmo tempo; e a morte, de uma só vez, nos dispensa de todas as outras desgraças. Será necessário pensar que a morte é uma cura? ou apenas uma solução? Se nos dessolidarizamos desses absurdos, é preferível assumir plenamente a contradição, a insolúvel contradição que é ao mesmo tempo maldição e bênção, e que é nossa miséria intrínseca. Ou, em outras palavras: a contradição e a alternativa decorrente não representam o peso de um destino de que estaríamos acidentalmente encarregados; porque nada nos impediria então de largar o fardo, sem tragédia, sem dilema e sem dilacerações, e subir num passo leve rumo à "religiosa e santa verdade"[13]. A causa da lentidão seria antes a tara, aliás nem mesmo a tara, mas o *fato da* tara que, derrisoriamente, pesa sobre o nosso impulso. Contudo, podemos nos ater a esse idealismo inambíguo habilmente sortido de um obstáculo?

9. Ser sem amar, amar sem ser. Interação entre o egoísmo mínimo e o altruísmo máximo. Contragolpe aferente do impulso eferente

Primeiro, existir: *é a menor das coisas!* Esse mínimo físico e maciço é a opacidade fundamental sem a qual o sacrifício não teria nada a sacrificar; para que haja desinteresse, é necessário um mínimo de interesse-próprio, sem o qual a renúncia seria desprovida de sentido, sem o qual o sacrifício seria um sacrifício simulado, uma simples figura de retórica. Aqui também esbarramos numa inelutável contradição interna, que é toda a paradoxia da moral: um egoísmo elementar, inerente ao ser-próprio, é a condição mínima e, de certo modo, vital do altruísmo! Essa condição se reduz, por definição até, a uma abstração verbal sem alma intencional e sem vida: o verbo amar tem de ter um sujeito em geral, um sujeito lógico-gramatical no nominativo... Condição negativa, abstrata e puramente formal. Será que pelo menos se pode dizer: é o ser, o ser-amante, que é o fundamento do amor? Porque, para amar, é preciso previamente ser. E isso por definição. La Palice, cujos oráculos ouvimos com freqüência, não diria melhor. Mas esse fundamento é totalmente conceitual e indeterminado: um sujeito lógico-grama-

---

13. Victor Hugo, *La Légende des siècles*.

tical no nominativo ainda não é um amante! Claro, se há amor, há necessariamente alguém em geral que parece ou pretende amar, ou que tem uma vocação para o amor... Mas esse alguém pode fazer algo totalmente diferente de amar: por exemplo, ele devora, digere, respira etc.; ele é o sujeito virtual de toda sorte de verbos; ele realiza ocasionalmente e entre outros o ato de amor sem ser essencialmente um *amante*. Ele nem sequer é "alguém". Os truísmos que se podem formular a respeito da sua substancialidade não bastam para preencher seu vazio. Altruísta de tanto egoísmo! *A fortiori*, pode-se dar um sentido mais dramático e mais passional à correlação paradoxal do contrário com o seu contrário. Claro, não se poderia ficar aquém da mais fraca luz de altruísmo sem se tornar tão espesso quanto um rinoceronte moral, tão voraz quanto um crocodilo. Mas não se poderia tampouco ir além de uma filáucia infinitesimal sem que o próprio altruísmo se dissolvesse no êxtase da inexistência e da inconsistência, não se aniquilasse ele próprio no zero do eu: se um átomo de egoísmo, um pingo de sensualidade, alguns grãos de amor-próprio vierem empanar nossa transparência moral ou espessar nossa pureza pneumática, tampouco haverá abnegação; o altruísmo, por sua vez, se evapora, na falta de um altruísta. No máximo, o sujeito aparentemente compacto, o sujeito privado de consciência, o sujeito cego, oprimido pela inflação do seu ser-próprio, escolhe amar a si mesmo, ou amar seu próprio amor, sentir seus próprios sentimentos. Mas o amor-próprio é uma abertura totalmente fictícia, pois não desemboca na alteridade do outro, como uma janela escancarada que dá para a exterioridade, mas no si e no mesmo, literalmente no si mesmo. O egoísta desvia um influxo eferente, cuja vocação natural seria a de ser dirigida para a sociedade dos homens, e o dilapida amando a si mesmo; assim são as empreitadas monstruosas do *amor sui*: a própria circularidade desse amor é o sinal de um fracasso, de um abuso, de um movimento introvertido, e até retrovertido, de um movimento que não leva a lugar nenhum; esse amor faz de conta. Ou, com outras imagens: o homem inchado pela filáucia na realidade só está repleto de si mesmo; o que equivale a dizer: ele é perfeitamente vazio; o vaidoso digno desse nome é doente de aerofagia, e até de autofagia; ele come ar, devora nuvens e, principalmente, devora sua própria substância; ele se enterra na sua boa consciência satisfeita, na sua boa digestão e na sua presunção.

Recapitulemos aqui o vai-e-vem da fugaz correlação que se estabelece entre o ser e o amor e que leva à inversão inconstante dos dois pólos.

1º Eis, primeiro, corpo sem cabeça e sem alma, o ser vazio de todo amor, o ogro da egoidade, o monstruoso diplódoco. E no entanto... o ego está longe de ser a constante negação, a negação pura e simples do amor. Nós recusávamos o simplismo de uma polaridade maniqueísta; e nossa recusa se formulava do seguinte modo: o ser não é unilateralmente o obstáculo, ele é, em termos mais complexos e até contraditórios, o órgão-obstáculo. Ao amor, ele oferece em primeiro lugar uma base e um suporte, e isso a risco de diluir seu fervor, de amornar sua alta temperatura amorosa. Enquanto permanecer preso a um corpo, o ser-amante conserva um ponto de ancoragem ou de amarração no mundo das forças físicas e na realidade social. Tem mais! O ego afirma indiretamente o amor, não apenas por seu ponto de junção corporal, mas pelo fato de que o *ponto de junção* também é um *ponto de apoio*, e age sobre o amor como repulsor; é o que chamávamos de dinâmica do trampolim: o peso inerte que lastra o amante dá ao amor sua mola, sua explosão e seu impulso dinâmico, um impulso que o projeta para o alto. Uma força freada pela gravidade e que, depois, supera o obstáculo liberando sua energia: eis o segredo do impulso. Sem dúvida, o próprio ego não desenvolveria tal dinamismo se uma má consciência crônica já não dormitasse nele, se ele não fosse virtualmente atormentado por remorsos obcecantes, por escrúpulos lancinantes e por preocupações sobrenaturais,... se uma consciência moral latente não antecedesse esse próprio ser, que no entanto lhe é preexistente. Mas, inversamente, essa consciência virtual não teria se tornado dolorosamente atual nesse pequeno pedaço de espaço que chamamos de corpo e em que ela encontra seu ponto de junção e seu ponto de apoio. É o corpo que lhe faz ouvir a voz da excitante e dissonante contradição. A resistência apaixonada, o protesto desesperado do ego exaltam, atiçam, exacerbam para mim a alteridade do outro.

2.º No extremo oposto do ser-sem-amor, eis o conto de fadas de um amor-sem-ser! Absolutamente separado da primeira pessoa, o amor seria um amor embaraçado, um amor no vazio, um amor imaculado e místico, ele nem pairaria entre o céu e a terra, mas além do céu dos anjos; ele é inconsistente e vaporoso como um fantasma, impalpável como um pensamento; ele se dissolve, ou melhor, se volatiliza no ar; ele largou sua egoidade na areia das praias, e ela não é mais que um andrajo miserável. É um amor extático: ele se tornou inteiramente, por extroversão, outro que não ele, ele se derramou integralmente no outro, sem o referencial do mesmo; ele está à busca da encarnação e da estreiteza bem-vindas que o farão reviver. Ele se aniquila assim na indeterminação. O amante todo amante, o amante sem ser-próprio se dissipa em fumaça. O amante puríssimo morre de pureza, e sua própria pureza o torna incapaz de amar.

3º O ser-amante implica em si mesmo o enfrentamento do puro amor e da ogrice; ora esse conflito degenera em crise aguda, ora mantém na vida moral um estado de instabilidade e de ambigüidade crônica. O ser-amante aceita ser impuro: ele não reivindica a impureza pelo prazer de ser impuro; mas *assume-a*. O ser nem sempre é a negação do amor, mas o amor não é, em caso algum, a negação do ser. O ser que é um ego sem amor se parece com um monstro; ele não é nem sequer "alguém", não é ninguém; uma egoidade sem alteridade, um ego sem segunda pessoa; não é nem mesmo uma primeira pessoa; não é pessoa alguma: é simplesmente um imprestável! De fato, não há nesse caso *ninguém que ame* e tampouco ninguém *para amar*: porque um amante que não ama ninguém, um amante sem amado é uma contradição burlesca. Em compensação, o amor que alguém sente pelo amado funda e constitui a própria primeira pessoa (o sujeito) ao mesmo tempo como amante e como ser-próprio. Assim, é pouco dizer que o amor não é não-ser: ele é mais, muito mais do que ser, e isso *a fortiori*; ele é literalmente *sobre-ser*! O ego em si e a transitividade intencional nascem no mesmo dia e formam, desde o seu duplo nascimento, uma correlação indissociável: a referência ao amado não é um luxo, uma graciosidade suplementar que seria concedida a mais ao amante, ela própria faz parte do amor e forma com esse amor um só dom, uma só bênção. O ser, dizíamos, não é alguém. E, quanto ao ego, ele é apenas alguém; mas será alguém quando amar alguém; a partir do momento em que o sujeito ama alguém... que estou dizendo?, crê sinceramente e em total boa-fé amar esse alguém, mesmo que o parceiro seja imaginário, mesmo que o amado seja inconsistente, quando não inexistente, como o espectro do *Amor bruxo*, o sujeito recebe uma interioridade. Ora, é sua intencionalidade amante que é sua interioridade. O complemento direto por excelência do verbo amar, isto é, o Tu, a pessoa número dois, que é a pessoa estranha mais imediatamente próxima de mim mesmo, essa segunda pessoa, tão próxima e tão distante, é meu acusativo de amor. Ela é meu correlato intencional; é o objeto da minha mira, e da mira aguda por excelência (κατ' ἐξοχήν): primeiro, porque o amante ama sua segunda pessoa com uma paixão exclusiva que não admite nenhuma reserva, depois porque visa o próprio centro da ipseidade em sua particularidade mais concreta, mais imediata e mais essencial. Além do ser e da espessura física, mas aquém do amor platônico e da difluência mística, há espaço para o amor propriamente dito, que é relação aguda e precisa de um com o outro. O Tu designa imediatamente e sem rodeios a verdade íntima do amado; mas designa também e ao mesmo tempo, ainda que tácita e indiretamente, a verdade do amante; ele revela o amante a si mesmo. O amor renova, enriquece, intensifica a vida do amante: magnetizado e, por assim dizer, imantado pelo pólo do seu acusativo de amor, o sujeito gramatical abandona o reino das sombras e sente-se vivendo uma vida impetuosa e fervente, em que todo o organismo tem sua vez; o amante não é mais um nominativo solitário: é essa presença de alguém fora dele que mantém dentro dele a doce embriaguez. O amado que tratamos por tu e que é a verdade do amado, e paradoxal e misteriosamente a verdade do amante, a verdade do amor-amante e a verdade do amor-amado, ambos ao mesmo tempo, essa verdade dupla e simples se chama simplesmente a verdade do amor; a verdadeira verdade do amor e sua razão de ser; a prova da sua sinceridade; a pedra de toque da sua efetividade; a garantia da sua autenticidade. Um amor que ama "em geral" e que não é capaz de dizer o nome daquela a quem ama, esse amor anônimo é uma pilhéria. Melhor ainda: um amante que não tem ninguém para amar é comparável a um homem de ação que é um agente "em geral", um agente "em si", e que não tem o que fazer, e se chateia esperando no ócio: o agente-fantasma morre de tédio e de *farniente* em meio aos seus assuntos-fantasmas, assim como o amante-fantasma entre as suas amantes imaginárias... A não ser que o desocupado não seja ele próprio *Actus purissimus*: porque o Ato puríssimo não necessita de "ocupações" para preencher a sua ociosidade!

10. O ser preexiste ao amor. O amor precede o ser. Causalidade circular

A contradição entre o ser e o amar se complica com uma ambigüidade inextricável. O imbróglio chega ao auge quando se coloca a alternativa em termos de prioridade. 1º É evidente que o ser preexiste lógica e gramaticalmente ao amor (e ao dever); a existência (a preexistência) do *ser*-amante é, por definição, substancialmente pressuposta como a condição mínima desse amor. O substancialismo, como se sabe, canta esse refrão obcecante, que é o da tautologia disfarçada; pouco mais que um círculo vicioso! E, como dizíamos, o ser é a condição prévia de todas as condições prévias... O ser *preexiste* ao amor – porque já estava presente. 2º Mas o amor *é preveniente* ao ser: o amor ainda não estava presente, logo ele intervém, advém ou sobrevém, acode, antecipa-se ao que no entanto já estava presente desde sempre. O ser *era* primeiro porque é a condição inerte e muda, negativa e implicitamente subentendida nas coisas existentes... Primeiro, porque antigo, se não imemorial. Mas o amor também é primeiro à sua maneira, se bem que num sentido de todo oposto: o amor, segundo Diotima, é aquele que vem (ἴτης); o porvir é anunciado em sua vinda; sempre em marcha e sempre jovem, Amor é uma profecia! O amor é primeiro porque é rápido e juvenil; νεώτατος, diz Agaton no *Banquete*[14]... É por isso que, conforme Pascal, é representado como uma criança. Mas Agaton, mais convencional, imobiliza o deus do amor em sua eterna e imutável juventude: Eros, deus do amor, não pode envelhecer; ele é feliz e seu rosto liso ignora as rugas da preocupação. Já Diotima é filósofa e profetisa: ela concebe o amor como um devir sem fim, como uma primavera sempre contrariada pelas aventuras. Através de mil provações, a inspiração primaveril não pára de improvisar um mundo; o amor está sempre nascente, sempre *prestes a*... O amor é um começo, ou antes, um recomeço que continuará indefinidamente a começar! O amor é um acontecimento que advém. O amor é primeiro na medida em que assenta e funda o ser; na medida em que é fundador, em que é poeta. Sua energia perturbadora, sua velocidade é que são sua prioridade. E, da mesma maneira: o ser preexiste ao dever-ser, mas o dever-ser, em virtude da sua preeminência, isto é, da sua eminente dignidade moral, é a razão de ser do ser; ele justifica o valor deste; ora, o valor do ser é infinitamente mais precioso do que o próprio

---

14. 195a, c (Agaton); 203d (Diotima).

ser, o valor do ser é incomensurável em relação a esse ser que, sem ele, não valeria uma hora de fadiga. Acreditamos discernir a mesma reciprocidade, a mesma circularidade paradoxal nas relações entre o amor e a morte. Resumindo: para amar, é preciso já ser, claro, e é uma verdade trivial, a verdade das esquinas – mas para ser é preciso amar, é a verdade esotérica dos mistérios; verdade inebriante, que encontramos no fundo de uma taça de vinho. O ser preexiste ao amor que o precede, mas o amor preveniente precede o ser que no entanto preexiste a ele... O ser e o amor se antecipam mutuamente, são mais fortes um que o outro! Como é possível? Por onde começar? Qual é essa concorrência sem saída nem solução? Sentimo-nos tentados a confessar que a resposta está na questão, e a solução, no próprio insolúvel! Bergson dizia, seguindo Aristóteles, ao falar do aprendizado: *a ação rompe o círculo*[15]. Essa solução drástica não é somente a violência gordiana do conquistador que corta o nó com sua espada sem se dar ao trabalho de desatá-lo: ela explica por que aprendemos a andar andando, a querer querendo, a amar amando, por que o amor sempre começa por si mesmo – isto é: começa pela continuação... Essa petição de princípio não é nem um engenhoso paradoxo, nem um sofisma, nem um círculo vicioso: ou antes, o círculo supostamente vicioso é que é um círculo misterioso; o mistério é aqui o mistério da *asseidade* e da *causa sui*; ou, mais simplesmente, esse mistério é o mistério do começo e do ato criador. E é portanto o mistério da liberdade.

Como o ser e o amar, a despeito de toda e qualquer lógica, se precedem, se ousamos dizer, mutuamente, compreende-se que a alternativa não é rigorosa, que eles po-

---

15. *L'Évolution créatrice*, p. 193 (édition du Centenaire, p. 658).

dem às vezes impregnar um ao outro. Longe de brincar de esconde-esconde, eles se associam com freqüência em complexos instáveis e suspeitos; ora estão em razão inversa, ora, e paradoxalmente, em razão direta um do outro; e, como a ambivalência vai ao infinito, eles se repelem e se atraem ao mesmo tempo; o ser e o amar fogem ao máximo um do outro e se aquecem ao máximo um ao outro, numa espécie de competição apaixonada. O ser pletórico impede de amar, mas às vezes sabe ser, ele, que tantas vezes é difamado, sabe ser o desabrochar natural e o esplendor espontâneo do amor; como a floração na primavera, ele exprime então, de forma imediata, a positividade de um impulso voltado por inteiro para a vida e a plenitude. Ora a hipocrisia deixa dissonar na harmonia a voz desafinada do egoísmo; ora o amor é que é, ele mesmo, de certo modo, um hino à luz.

11. Um dom total: como sair dos eixos do ser-próprio? Abnegação

Não colocamos propriamente o problema do puro amor, que foi o problema de Fénelon depois de ter sido o de Clemente de Alexandria e de Gregório de Nissa[16]: porque, justamente, esse problema não poderia ser *colocado*; pode-se apenas aflorá-lo, numa tangência imponderá-

---

16. Fénelon, *Le Gnostique de saint Clément d'Alexandrie* (le P. Dudon, 1930); *Explication des Maximes des saints sur la vie intérieure* (A. Chérel, 1911); *Les principales propositions des Maximes des saints justifiées* (Oeuvres complètes, 1848, t. III); *De amore puro* (t. III); *Condamnation du livre des Maximes* (t. III); *Instructions et avis sur la morale et sur la perfection chrétienne*, 19 (t. VI). *Sur les oppositions véritables entre la doctrine de M. de Meaux et celle de M. de Cambrai* (t. II).

vel, no limite extremo e na borda aguda da aporia: um puríssimo amante, que amaria com um puríssimo amor, isto é, com um amor extático e místico, acaso não é um amor-sem-ser, um amor indizível, um amor embaraçado? O discurso filosófico só tem influência sobre a dialética de um amor dizível em luta com o interesse-próprio. Enquanto se dissertar sobre um amor impuro, sobre uma dedicação crivada de pensamentos ocultos e recheada de reservas inconfessas, sobre um desinteresse empanado pelas mil e uma opacidades e complicações clandestinas da psicologia concreta, ótimo! São os amores de todo o mundo, os amores cuja protetora é a Afrodite das esquinas. Haverá ainda um tempo propício para a análise das motivações, para a dosagem e a posologia, para a avaliação dos méritos. A psicanálise espera por vocês! De fato, a dedicação é sempre episódica e intermitente: ela alterna com longos períodos de eclipse, durante os quais o altruísta se dedica, antes de mais nada, unicamente a seu interesse-próprio; a dedicação é a virtude muitas vezes ocasional de um sujeito que nem sempre é generoso, que é tudo menos dedicado, que é dedicado e muitas outras coisas mais, que é, entre outras coisas, invejoso, vingativo etc., e que não é tampouco dedicado o tempo todo: a virtude do domingo e dos dias santos, em suma, a virtude dos dias consagrados às boas ações e às obras pias. E o próprio dom é essencialmente partitivo, definindo-se como dom em relação a tudo o que não se dá e que se prefere guardar ou reservar para si mesmo. Um sacrifício literalmente crônico é quase inconcebível e insustentável. Porque o sacrifício é uma crise dilacerante. E o mesmo vale para um dom "total", um dom que dá tudo sem exceção, sem nada preservar, sem trapacear, sem dissimular um humilde viático em seu alforje, sem salvaguardar nenhum *salvo*, nem mesmo como referencial, nem mesmo pelo efeito de relevo, numa palavra, o dom de um doador que, incompreensivelmente, se dá si mesmo e por inteiro, esse dom é ou um não-senso ou o lampejo de uma graça sublime e sobrenatural; e essa graça não poderia ser perenizada sem absurdo. Pode-se imaginar o impossível *tour de force*, a façanha sobre-humana de um asceta que, não contente em renunciar a isto ou àquilo, não contente em pôr entre parênteses seus pequenos prazeres, como o médico o convida a fazer, visaria o horizonte do *dom total*? A totalização contradiz a própria intenção de dar, ou então é o relativismo do dom que desmente o totalitarismo da integral abnegação... Acabam-se as meias medidas e os presentinhos, cujo único objeto era economizar o sacrifício total! A partir daqui, as "privações" já não bastam! Porque o pseudo-asceta se adapta às privações com uma desconcertante elasticidade, e logo reconstitui um pequeno conforto em sua vida encolhida, como os valetudinários que vegetam preguiçosamente em seu regime e não renunciariam a ele por um banquete suntuoso. É que omitíamos distinguir o ramerrame rotineiro da austeridade e a exigência infinita do ascetismo. A austeridade não pede que o homem austero se dissocie do seu ser-próprio por inteiro; mas o ascetismo pede ao asceta que se extraia ele mesmo de todo ele mesmo! Um *êxtase* agora se faz necessário: "dessolidarizar-se" já não basta... esse gesto ainda é demasiado empírico, demasiado superficial, demasiado facilmente cúmplice da má-fé. Não, ninguém está quite por ter se dessolidarizado da boca para fora! O eu teria de fazer abstração de si mesmo e se exilar em sua própria essência. Como o barão de Munchausen, o homem em perdição, a ponto de atolar, se tira do pântano puxandose pelos cabelos: o homem que afunda nas areias movediças e o salvador que se imagina em terra firme são um só e mesmo homem; um só homem também aquele que já se alienou a si mesmo e aquele que socorre o primeiro e que sucumbirá ao mesmo perigo. Na imanência comum, onde encontrará um ponto de apoio transcendente? Como, por quais técnicas transcendentes e absurdas o homem em perigo que atola nas areias movediças da egoidade conseguirá se salvar?

12. O aparecimento desaparecente entre o ego e a viva chama do amor... O limiar da coragem

Dizíamos mais ou menos o seguinte: o homem de coração e de dever é altruísta, não *apesar* do seu egoísmo, mas *enquanto* egoísta: por mais que esteja escandalosamente murado na sua filáucia, ele é, paradoxalmente, tanto mais altruísta quanto mais é egoísta. Não temos aí um desafio paradoxológico e literalmente *inopinado* à lógica bem-comportada da identidade? O homem moral é evidentemente altruísta *a despeito da* resistência egoísta, altruísta de um altruísmo diminuído, contestado, contradito, derrotado, logo miseravelmente e vergonhosamente altruísta, em suma: porque as revanches e contra-ofensivas do ego são dificilmente contidas... No entanto, é a própria negatividade egoísta que, apaixonadamente, desesperadamente, fanaticamente aguça o protesto do altruísmo. O "apesar", preposição concessiva ditada naturalmente por um bom senso e uma boa vontade que querem do lado direito, cede lugar à causalidade cínica: se não há ego, não há sacrifício! se não há ego, não há mérito! Aqui também a complicação dialética nascida da contradição nos impõe os ziguezagues e meandros da via mediata. Sentimo-nos tentados a dizer, usando modos de falar um tanto simplistas e esquemáticos: a abnegação necessita de um ego vigoroso, vital e sensual para repicar nele. Senão, onde ela encontraria a elasticidade e a explosão necessárias? E de que volúpias a abnegação seria a negação? O ego, para se elevar em direção ao céu do altruísmo, necessita soltar lastro. Onde ele encontrará esse lastro a soltar? Mas atenção! A manobra é escabrosa e a margem dessa manobra, mais que estreita: é preciso pesar e sopesar os imponderáveis com uma infinita delicadeza em balanças ultra-sensíveis, quando se avalia a boa ou a má-fé de uma opção; basta ter a mão um pouco pesada, que se corre o risco de ir além ou de ficar aquém. Nos dois extremos, a situação é perfeitamente inambígua. Se o obstáculo é igual a zero, não há sacrifício; quando o altruísmo não custa mais nada, não há altruísmo; quando a prática das virtudes é tão pouco custosa quanto as funções da vida vegetativa e a circulação do sangue nas artérias, o mérito já não é meritório; ou antes, sendo o próprio mérito a relação entre um aperfeiçoamento e um esforço, não há mais mérito; por exemplo: os anjos não são merecedores; por exemplo: os santos não são "virtuosos", humanamente virtuosos: tendo transcendido a *agonia* e suas aflições, vivem em glória (se é que se pode dizer que "vivem"!). Mas, como, inversamente, uma sensualidade sufocante, geradora de tentações irresistíveis, faria desaparecer a fraca centelha moribunda do escrúpulo moral, somos propensos a pensar que a boa medida de uma consciência moral adequada deve se encontrar em algum lugar a meio caminho entre o demasiado e o demasiado pouco. Mas pode-se falar seriamente de uma sensualidade "média"? A determinação desse justo equilíbrio é ainda mais arriscada e mais delicada quando se visa o minuto evanescente da coragem e, sobretudo, o instante infinitesimal da decisão heróica. Se o bravo não tem absolutamente nada a enfrentar, se não tem absolutamente medo, ou não tem nenhuma consciência do perigo, ou sente-se invulnerável, se ele nem sabe, o impávido, o intrépido, o que tremer quer dizer, não temos nenhuma razão para admirar sua coragem. E ainda menos, *a posteriori*, se o medo pôs o bravo para correr: o bravo, sem dúvida, não passava de um fanfarrão, um mata-mouros! Onde encontraremos a inefável, a sutilíssima bravura desse bravo? Não podemos, sem cair no ridículo, chamar de bravo, na linguagem do justo meio, um homem medianamente poltrão, sendo a poltronice repugnante em todos os casos e qualquer que seja a dose. À determinação aritmética de uma média ou à mensuração de uma eqüidistância, preferimos talvez a intuição do fino corte e da mutação infinitesimal. É no presente do enfrentamento que seria preciso assinalar o instante da coragem, é nesse ponto que, à auscultação moral, ouviríamos bater o coração dessa coragem. Antes, é cedo demais; depois, é tarde demais! A ocasião da coragem, *kairós*, está sem dúvida em algum lugar entre ambos. Mas onde situar esse algum lugar? Dizemos situar e não localizar. Há de fato um "limiar" da coragem, mas só se percebe a liminaridade por meio de uma busca tateante e ao acaso: porque o instante corajoso advém quase imperceptivelmente num oceano de pusilanimidade, assim como o bom movimento aparece-desaparece num oceano de egoísmo, assim como a trêmula centelha da sinceridade cintila nos nevoeiros da hipocrisia. Entre a impavidez do ainda-não e as fanfarronices do não-mais, que, superado o medo, exageram infinitamente as façanhas imaginárias, há um lugar para o debate apaixonado, sério, ou mesmo trágico, da coragem e do medo. O debate do medo e da coragem se resume numa contradição cuja aparência, e somente ela, é paradoxal: *para ser corajoso, é preciso ter medo!* Para ser corajoso, é preciso ter apego à vida, a uma vida que sentimos frágil, ameaçada e infinitamente preciosa; para ser corajoso, é preciso ao mesmo tempo ter apego à vida e não lhe dar valor! O medo é um obstáculo à coragem, cujo impulso ele freia – isto é, *desencoraja* – e é ao mesmo tempo sua razão de ser. Esse momento crítico de extrema tensão não é o do medo superado, mas o do medo a superar; a consciência ainda não teve tempo de se oferecer o perigo como espetáculo, nem de detrair dos seus próprios méritos. O mistério da coragem se reduz a um abalo infinitesimal do querer quase imediatamente arrastado, eclipsado e, por assim dizer, submergido pelo desencadeamento infinito do exibicionismo, pela ênfase desmedida e pela inflação verbal. No mesmo instante, a liberdade é para o homem livre uma entrevisão *clara-escura* e uma ofuscante certeza; no lampejo desse instante, o *aparecimento-desaparecente* é de certo modo *eqüi-unívoco*.

Mais geralmente e como quer que seja: se a ênfase é posta no obstáculo do órgão-obstáculo, não é para edulcorar mais ainda a insipidez de uma sensualidade média, é para acrescentar a inquietude de uma sensualidade atormentada, ansiosa e preocupada, é para tornar mais vigilante a má consciência. A consciência alerta é assediada pelo purismo maníaco, mantida em constante expectativa pelos escrúpulos pontilhistas e pelos implacáveis aforismos, perseguida por exigências que não deixam passar nada. Adeus então ao nosso sono; a consciência já não é somente vigilante, mas insone: a agonia durará até o fim do mundo... "Não há que dormir enquanto isso."[17] Uma má consciência crônica perturba o sono dos justos: porque a "virtude" é essencialmente precária. Obcecante, acerba, implacável é em La Rochefoucauld a denúncia do egotropismo onipresente: o autor das *Maximes* [Máximas], incansavelmente, nos traz de volta a esse refrão de um ego que é o objeto da sua extenuante perspicácia e que encontramos em cada meandro, em cada cruzamento ou bifurcação da misantropia sistemática. Todo o mundo se sente culpado, impuro, enganado. La Rochefoucauld, perseguindo de máxima em máxima os pretextos, desculpas e sofismas da hipocrisia, inaugura bem antes de Kant a era da suspeita. A interpretação dos números da duplicidade – eis a grande ocupação estratégica de Baltasar Gracián. Mesmo as suavidades da retórica podem se tornar uma arma de guerra. Mesmo a lisonja obsequiosa é uma forma de beligerância, e da mais pérfida espécie... Essa arma se chama artimanha.

13. A unção. O sentimento mínimo da abnegação (aferência da eferência). O prazer de dar prazer

No entanto, a *unção*, quando pregada por são Francisco de Sales e até mesmo por Fénelon, de resto tão austero em matéria de pureza, tão intransigente no capítulo da caridade, a unção não é necessariamente uma enganadora palavra de mel; ou, com outras imagens: seu veludo nem sempre dissimula garras. Ela evoca antes de mais nada um pensamento de doçura e de carícia. Quan-

---

17. Pascal, "Mistério de Jesus", *Pensées*, VII, 553. Miguel de Unamuno, *Agonie du christianisme*, trad. fr. Jean Cassou, pp. 18-9.

do não é pervertida, seria muito mais um apelo à confiança e à indulgência: confiança medida na sedução das aparências, indulgência para quem se deixa tentar por ela. Melhor ainda: haveria sem dúvida um pouco de má-fé, alguma perversidade e muito irrealismo em dar prova, nesse assunto, de um rigor sem nuances ou de uma lucidez implacável. Desestimular a boa vontade pela perspectiva de uma tarefa impossível é uma precaução de má espécie, quando não é um sinal de má-fé. Porque uma boa-fé levada ao extremo (será que ela mereceria então o nome de boa-fé?) é geralmente indistinguível da má-fé ou, em todo caso, da má vontade. O radicalismo, o maquiavelismo da boa-fé excessiva é que merecem despertar a suspeita de uma alma simples e reta; e, ao contrário, as loucas aproximações da esperança e as quimeras da ilusão é que justificam a fé no esforço.

Usando conceitos fenelonistas, eis como nos exprimiríamos: o homem desinteressado, por mais desinteressado que seja, tem de experimentar pelo menos um *interesse sensível* pelo objeto do seu desinteresse; e acontece até que o altruísmo mais desprendido de todo prazer egoísta sinta, na falta de outro prazer, o prazer de se dedicar. O que, numa lógica elementar, nos traz novamente de volta ao truísmo substancializado. Esse círculo vicioso é decididamente virtuosíssimo! Quem se dedica? O verbo "dedicar-se" *tem de* ter um sujeito! Sempre "tem de"... A natureza inexterminável do ego e do egoísmo é solidária da indestrutibilidade inversa, a do altruísmo. Porque o otimismo do pessimismo é tão teimoso quanto o pessimismo do otimismo, e somos remetidos indefinidamente de um ao outro. Leibniz, falando do sentido e da ordem inteligível, dizia que eles se reconstituem indefinidamente e se regeneram indefinidamente, que não podem ser niilizados. Para além dos caprichos mais arbitrários e das violências absurdas do ascetismo, para além de um masoquismo antinatural e, de resto, contraditório, a atração do prazer e a positividade do deleite resistem a todas as perseguições e têm direito à nossa indulgência! Apesar das reservas que nós mesmos faremos ao falar do comprazimento, a atração simples e natural da coisa atraente não pode ser sinceramente negada: nossas caretas de nada adiantarão: e as contorções de um asceta supliciado podem se tornar, elas próprias, um sinal suspeito de contentamento, quando não um motivo de vaidade. Nem sempre é fácil distinguir entre a alegria de se dedicar e a estúpida satisfação do dever cumprido, nem determinar em que momento se passa de uma à outra! Enquanto se tratar da primeira (contanto que se tenha certeza), podemos de fato nos indagar: que mal há em sentir essa alegria? Não é um crime. O prazer de dar prazer é o maior de todos os prazeres. Por favor, concedam-me esse prazer.

Esse prazer não só é desculpável como inocente; e, de fato, não basta dizer que esse prazer acompanha de perto o ato generoso: ele é sua emanação imediata. Podemos até dizer mais: esse prazer se confunde com o ato generoso; a doação e o prazer de dar são as duas vertentes, uma eferente e a outra aferente, de uma mesma bênção e de uma mesma alegria; o prazer se exala, de certo modo, diretamente da doação – ou, inversamente, a doação é que é a expansão generosa do prazer; prazer e dom são ambos, ao mesmo tempo, efeito e causa, e os dois movimentos são sincrônicos, vão de um a outro e de outro a um. Cada vez que a vontade militante age, empreende, faz isto ou aquilo, cada vez que ela vai ao encontro da sua segunda pessoa para assisti-la, socorrê-la e, principalmente, salvá-la, essa vontade espontânea sofre em contragolpe, como se fosse uma onda de retorno, a reação centrípeta inerente à sua ação socorredora; o impulso caridoso e o momento receptivo, o dar e o *sentir*, a impulsão primária e o "afeto" secundário não são consecutivos, mas fazem parte do mesmo processo; e até mesmo acontece, como na espontaneidade inocente da piedade, de a emoção ser não apenas contemporânea ao gesto socorredor, mas anterior a esse gesto. Como pretender então, com a teoria fisiológica, que a piedade se reduza por inteiro à comédia da água benta, e a piedade inteira à percepção das modificações periféricas, e que o misericordioso tenha piedade das suas próprias lágrimas? Pascal nunca quis dizer isso. A piedade e a doçura das lágrimas somente são "egoístas" se isolarmos artificialmente da caridade socorredora o lado passivo da compaixão ou se separarmos a emoção da atividade generosa. Essa separação leva à atrofia simultânea da generosidade e do sentimento; ela tem por resultado o ressecamento, o encarquilhamento e, no fim das contas, a degenerescência do ser moral: a interioridade afetiva é, então, um pálido fantasma sem eficácia nem consistência, ao passo que a esmola se reduz a uma mecânica e a uma repetição insípida ou, melhor dizendo, à pantomima de um mico de circo.

A mesma questão obcecante não pára de nos perseguir: a partir de que grau de filáucia o ego pode ser acusado de egoísmo? A partir de que densidade ôntica a necessária preservação do sujeito se torna suspeita, depois culpada, e deve ser condenada? Mais precisamente: onde pára o amor-próprio lícito? Em que ponto começa a filáucia culpada? Onde e como assinalar o limite? Até que ponto o êxtase, a rarefação e a extenuação do sujeito substancial podem ser levados sem que o ser se precipite no vazio do nada e sem comprometer perigosamente a sua sobrevivência? Porque o risco de niilização não é desprezível nesse jogo com o não-ser, em que a probabilidade de escapar está à mercê de uma prodigiosa e perigosa acrobacia. Quanto? Onde e quando? Claro, a passagem da boa à má vontade se dá neste ou naquele momento: num momento dado... Mas qual é esse momento dado? Num momento dado... Mas quando? Mas quanto? Não muito, em todo caso... As determinações circunstanciais, e sobretudo quantitativas, são tão incertas e arbitrárias quanto a hora da morte. Qualquer que seja a categoria considerada, não se pode responder com precisão, estabelecer as doses, assinalar o limite do demasiado e o do demasiado pouco. Essas aporias, utilizadas como sofismas pelos megáricos, ora escamoteiam as descontinuidades na continuidade especiosa e capciosa do sorites, ora desconhecem a continuidade do devir e da mutação. Aqui também há que dizer: é principalmente nas doses médias que nossas faculdades de apreciação tateiam no equívoco; os extremos são, ao contrário, perfeitamente unívocos. E no entanto, mesmo na zona mista e escabrosa da nossa finitude, parece que a boa regra é evitar os regateios mesquinhos da posologia e aceitar as evidências mais naturais. Quem coloca as questões sofisticadas não pode se espantar se fizer o jogo dos sofistas e se cair doente da doença do escrúpulo.

Para o homem, ser finito e impuro, o ato puríssimo é um limite quimérico, tal como pode ser o ideal de um amor puríssimo: são dois nomes para um só êxtase puro de toda realidade concreta, de toda vivência psicológica, de todo contexto associativo. Mas a lei da alternativa contraria o reinado da graça: o impulso centrífugo sofre em retorno o choque das forças que refluem sobre ele e o neutralizam ou pelo menos se compensam; toda atividade criadora recebe, assim, em contragolpe, os efeitos da sua passividade correlativa. Porque não há "ato puro"! O contragolpe é a onda aferente que se segue imediatamente ao ato eferente e, mesmo, faz parte desse ato... O contragolpe é o eco e, de certo modo, a ressonância induzida pela atividade primária; quando a afetividade é nascente, o homem de ação toma gosto ou, mais simplesmente, adere à sua própria iniciativa; o comprazimento do bom movimento consigo mesmo é o mais fugaz, mas também a mais diabólica das fatalidades morais. Ora, acontece igualmente de o corpo falar mais alto e fortíssimo, ou berrar a plenos pulmões: nesse caso, o contragolpe sensível se manifesta sob a forma de uma explosão, de um violento protesto dos órgãos. Apaixonada ou quase imperceptível, essa participação às vezes é uma pesada e indiscreta aderência, às vezes uma imponderável adesão; é ora uma aderência do ego à sua própria fisiologia, ora um impalpável mas sempre discernível abalo da consciência.

A interpenetração do influxo eferente e do influxo aferente é ainda mais íntima no amor, mesmo que sem mistura, do que no ato puro. É que o amor já implica a afetividade e é, ele próprio, a vertente vivida e sensível da caridade. O amor significa, ao mesmo tempo, *alguém para amar e alguém que ame*. O primeiro "alguém", objeto da intenção transitiva, é ao mesmo tempo o acusativo do amor, isto é, o alvo do amante, e o que acende e mantém acesa a "viva chama do amor". Inteiramente extrovertido, voltado para o outro, no caso para a segunda pessoa, o amante, no amor limite, tende ao esquecimento de si, a uma espécie de perdição extática e de anestesia interior. Mas o próprio amante não é nem um sopro invisível, nem um respiro sem corpo e sem peso, nem um pensamento impalpável: o amante é um existente e um sujeito substancial, e não se pode impedir o amante de amar o amor e, uma coisa levando à outra, de sentir-se amar, de sentir-se amante, de sentir-se ele mesmo em geral e, por uma degenerescência progressiva cujo último termo é o amor-próprio, de finalmente se amar a si mesmo e sentir prazer nisso. Por efeito da consciência que adquire de si mesmo e do comprazimento que toma gosto por essa consciência, o amor se avoluma e adquire todas as dimensões da existência. E não apenas o amor se torna mais existente, mas, por contragolpe, o próprio amante se aquece e ganha mais fervor. Sem dúvida, Fénelon é absolutista e, principalmente, pouco realista quando condena intransigentemente o *gosto sensível* em geral... Esse contragolpe sensível que não se pode niilizar pertence à vertente aferente da experiência moral, assim como o dom desinteressado é seu momento eferente; e é na união indissolúvel desses dois momentos que se exprime o humano do homem. Pode-se separar a austera e custosa renúncia ao prazer-próprio da terna solicitude pela segunda pessoa? Sem essa amorosa solicitude, o amor ascético não passaria de indiferença e abstração. O outro é mesmo portanto, de certo modo, um outro eu mesmo, mas não no sentido do egotropismo atomístico e substancialista de Aristóteles, que é um pouco pequeno-burguês demais: o amante, por estar morto para si mesmo, renasce milagrosamente, apaixonadamente, extaticamente no ser do amado. E é por isso que o *re-sentir* é a aferência mínima inseparável da eferência desinteressada, esse *re-sentir* não é nem efeito de reflexividade, nem duplicação num espelho, mas é ao mesmo tempo segunda vez e primeira vez; o re-sentir é, indivisamente, eco amoroso e espontaneidade pura. A alternativa do outro e de mim mesmo é portanto superada, ultrapassada – transcendida! Assim, o amor supõe a consumação de duas séries de condições aparentemente contraditórias. Por um lado, e na ordem da eferência, a abnegação que nos permite inexplicavelmente viver para o outro e em seu lugar, e só pensar nesse outro, como faz a intuição... O êxtase não é, a seu modo, uma intuição vivida? E, por outro lado, na ordem da aferência, a felicidade, a inefável doçura de se sentir viver, a doçura de se sentir viver intensamente e em toda plenitude: paradoxalmente, o êxtase e o desabrochamento vital!

A partir daí, não é mais um pecado provar o fruto da dedicação, se por acaso a dedicação tem gosto, nem sentir a alegria do sacrifício, se porventura o sacrifício implica tal alegria. Não há mal nisso. Os juízes desconfiados nos censuram por esses inocentes prazeres, e as almas escrupulosas, ouvindo suas censuras, sentem remorso. Mas, quanto a nós, não daremos razão ao gnóstico "impassível" de Clemente de Alexandria; nós não ouviremos os juízes desconfiados e nos absteremos de esmiuçar ansiosamente os escrúpulos maníacos: por uma vez, nós nos remeteremos à voz da boa consciência.

No entanto a vocação do amor é dirigida no sentido inverso do haver, da conservação (do "guardar") e mesmo, até certo ponto (um ponto que não se pode assinalar), no sentido inverso do ser *tout court*; o ser é, certamente, uma consumação, mas é também um peso, já que ele é o totalmente feito, no particípio passado passivo – e até, dizíamos: precisamente porque é um obstáculo, será uma consumação; o ser é uma consumação que é um impedimento; ou, ao contrário, é um peso que é uma plenitude. O ser de amor, para consumar sua vocação, deve preservar seu ser-próprio e, inclusive, se necessário, aumentá-lo, sem que se possa determinar em cada caso de que grandeza ele deve se aumentar, nem se esse aumento é pleonexia ou se é uma condição necessária da plenitude amorosa. Portanto, não há vergonha em conservar seu ser. E se, por acaso, se insistisse e perguntasse: no fim dos fins, quanto é preciso guardar e quanto é preciso dar para ser um homem consumado? Responderíamos novamente: como quer que seja, não se trata de fazer duas metades com o que guardamos e com o que damos: tal divisão logo se instalaria na economia estática do ramerrame cotidiano e degeneraria em gestão de quitanda; na vida moral, não é admissível calcular a boa média... Trata-se menos ainda de uma "negociação": porque o que os negociadores visam quando alternam chantagem, blefe e intimidação com as concessões hipócritas é a instituição de uma ordem estática, de uma nova relação de forças e de um novo equilíbrio; essa negociação nada mais é que uma continuação sonsa da beligerância, uma beligerância em surdina. Em vez de negociação, preferiríamos falar de um ajuste infinito: a solução está distante como o horizonte – isto é, ela recua à medida que nos aproximamos dela. Todo equilíbrio é instável, precário, perpetuamente questionado; nada de instalado, de definitivo.

A exigência moral, assim como a vulgar negociação dos vulgares negociadores, admite de fato os compromissos; ela os admite com o coração partido e muito a contragosto; ela os admite fechando os olhos e virando a cara; mas, na verdade e tacitamente, ela os admite, embora teoricamente ela os abomine e embora os repudie: afinal de contas, é a ação em geral que necessita das aproximações para chegar a alguma coisa e que, sem as aproximações, não chegaria a coisa alguma; é assim que ela se adapta às circunstâncias... Aristóteles nunca fechou os olhos para o oportunismo natural da prática! Alguns mal-entendidos aqui, um pouco de aproximação ali, algumas gotas de ambivalência, muito amor e boa vontade – e, mal ou bem (mais mal do que bem), e seja como for, o inviável se torna viável e o impossível se revela possível! Mas a exigência moral implica uma negociação fina que pesa e sopesa em suas balanças os imponderáveis e calcula as quantidades infinitesimais e leva em conta os móbiles mais secretos. Talvez devêssemos opor a *aproximação* suprafina, que vai ao infinito, ao grosseiro *aproximativo*, que vige nas transações dos mercadores. Claro, a exigência purista é intransigente e repudia a arte de compor ligas: porém, o puro amor pode coincidir às vezes, no instante de uma intuição, com seu próprio contraditório. Não é esse o paradoxo menos surpreendente do extremismo moral... Eis a suprema ironia: o amor e o ser não combinam entre si hábeis arranjos e engenhosos amálgamas que seriam seu *modus vivendi*, mas se reconhecem subitamente no lampejo da *coincidentia oppositorum*, e caem nos braços um do outro.

14. O horizonte do quase. Do quase-nada ao não-ser. Resultante instável da ambição e da abnegação

O horizonte do *quase* – em outras palavras, dessa aproximação infinitesimal em que reconhecíamos a terceira evasão – permite compreender como o ser, por efeito do amor, tende indefinidamente para o não-ser como para seu limite, sem nunca se evaporar no nada, sem nunca ser niilizado. Precisemos primeiramente a cláusula essencial, a que é a condição de todo o resto: *apenas* é negativo, designando o que emerge "apenas" do não-ser; mas *quase* é timidamente afirmativo. *Apenas*, aborto disfarçado, faz alusão ao fracasso; mas *quase*, ao contrário, se remete a um fracasso que pressagia um êxito próximo; *quase* exprime numa única palavra que se errou o alvo, mas se errou por pouco... Fora isso – uma falha fortuita, um simples azar –, *quase* é todo positividade: é um advérbio de pudor, mas também um advérbio de esperança para uso do homem de coragem e de ação que, ainda que fosse um herói, isto é, ainda que enfrentasse a morte e assumisse no sacrifício a possibilidade de morrer, diz no entanto sim à vida e ao futuro, e preserva, se possível, sua existência para dedicá-la à existência dos outros, pois é esse o imperativo dos imperativos; ele assume o risco de se aniquilar, mas precisa escapar e sobreviver: porque o ser é melhor que o nada. Nada é mais simples nem mais claro do que essa aposta. O *quase*, ao contrário de todo niilismo, pressupõe portanto um ato de fé e uma vontade de viver. Que estou dizendo? A abnegação limite, ao contrário de toda negação acapachante, de toda aniquilação suicida, pressupõe valores e razões de viver mais sublimes do que a própria vida; a abnegação é portanto, *a fortiori*, vital; ela renuncia ao ser para alcançar, na luz do amor, um sobre-ser. A tangência amorosa com o nada é um fracasso ou um triunfo? Tal alternativa, nesse nível, parece transcendida. O sacrifício supremo é antes de mais nada um fracasso, na medida em que o ser-amante, reduzido a um quase-nada, tornou-se inconsistente e quase inexistente; mas esse fracasso, transfigurado pela ótica moral do dever, também é a mais milagrosa das oportunidades, e a mais triunfal, pois, no último segundo do último minuto, o apenas-existente é salvo do não-ser; ele *tem de* ser salvo; por um restabelecimento acrobático, aquele que *por pouco* não sucumbiu sobreviverá... *Prestes a* sucumbir, como Mazeppa, ele revive. Não é mesmo um milagre? Porque *faltou pouco* para que o sobrevivente ainda ofegante sucumbisse; *faltou quase nada* para que o amante não fosse mais nada: entre o nada e o quase-nada há esse infinitamente-pouco, esse corte infinitesimal do *quase*, essa luz trêmula que também é uma imensa esperança, grande como o mundo.

A terceira evasão é perigosa, mas a quarta é vertiginosa; ela é mais movediça, mais inquieta que a terceira, e nós evocávamos a seu respeito os ziguezagues e o zumbido de um inseto enlouquecido que procura uma saída em sua prisão de vidro e bate nas paredes transparentes: nesse vai-e-vem reconhecíamos o batimento característico e, por assim dizer, a vibração de uma consciência em busca do quase-nada; essa consciência é remetida pelos dois extremos um ao outro; sucessivamente, ela roça o além, isto é, o mundo sobrenatural do amor, sem poder tomar pé aí, depois recupera forças no aquém e novamente repica rumo à inacessível pátria ulterior onde nenhum astronauta jamais aterrissará. O acrobata da quarta acrobacia não se deixará portanto convencer pelo racionalismo relativamente otimista de Descartes[18]. É conhecido o conselho que a segunda máxima da "moral por provisão" dá ao viajante perdido numa floresta: esse viajante, como o besouro enlouquecido, redemoinha "ora para um lado, ora para o outro", e Descartes o compara aos "espíritos fracos e vacilantes", que – sinal evidente de desconcerto – são jogados de um lado para

---

18. *Discours de la méthode*, III (A. T., VI, pp. 24-5). Trad. brasileira *Discurso do método*, São Paulo, Martins Fontes, 3.ª ed., 2007.

o outro pelas oscilações do remorso e do arrependimento; Descartes recomenda a esses viajantes desorientados que andem em linha reta no mesmo sentido: porque, assim fazendo, pelo menos chegarão a algum lugar, sendo a boa regra adotar uma direção, nem que seja ao acaso, e ater-se a ela. Tudo, menos errar na dupla treva da floresta e da noite! Antes o claro-escuro da prática e do probabilismo que essa dupla treva! A partir do momento em que há uma zona de irracional na prática, uma opção hipotética e pragmática ditada pelo imperativo de urgência é sem dúvida preferível ao desespero... Ora, quando se fala, não da floresta escura e do caminho perdido, isto é, do espaço, mas das realidades inapreensíveis, inatingíveis e intangíveis, talvez seja permitido não negar toda e qualquer virtude ao devir e ao movimento. Claro, a repetição rápida e freqüente de uma ida e volta não substitui o papel da onipresença; no entanto, o vai-e-vem do ser-amante quando ele corre do ser-sem-amor ao amor-sem-ser e de uma saída a outra, esse vai-e-vem pode, no limite da aproximação, parecer indistinto da ubiqüidade; esse exército de um estrategista genial, suprindo a insuficiência dos seus efetivos pela rapidez fulminante dos seus movimentos, parece presente em toda parte ao mesmo tempo. O vai-e-vem entre o ser e o amar evoca, por sua agilidade, os "jogos" inefáveis do humor: enquanto a interversão irônica é uma segunda seriedade tão pontificante, tão estática e definitiva quanto a seriedade sem expoente, a seriedade do humor está sempre alhures, indefinidamente. A onipresença e a oscilação sem fim não são um milagre, aqui; ou antes: esse "milagre" é simplesmente a graça da mobilidade. E seu nome é mistério.

Uma só máxima essencialmente equívoca é válida, portanto, para a impossível passagem ao infinito – passagem que vai sempre no mesmo sentido – e para o movimento de vai-e-vem, que é indefinidamente possível. O imperativo moral minimiza o mal necessário que o corpo e o egoísmo erguem em seu caminho e de que faz, justamente, um *mal menor*; ele contorna o obstáculo necessário, que transforma em órgão-obstáculo, e não implica portanto que a negatividade do obstáculo seja integralmente abolida e transfigurada em meio. A abnegação leva necessariamente em conta esse resíduo inerte, irracional e insolúvel, inexplicável e injustificável, que é a quadratura do círculo de toda teodicéia. No absoluto, o imperativo moral exigiria que se considerasse esse resíduo inexistente, que se fizesse como se ele fosse nulo e inválido: é o que Leibniz chamava de vontade antecedente. Mas, quando se pergunta em que grau, no relativo, o amor pode levar em conta o ser, a resposta é, teoricamente: o menos possível – e, *em princípio*: não mais que o estritamente necessário para sobreviver; tudo o que for a mais é um luxo! Nesse mínimo está subentendida, por um lado, a presença positiva do ser, porque um mínimo não é um nada, um mínimo é pelo menos alguma coisa; muito pouca coisa, mas pelo menos alguma coisa! Estável e finita, essa alguma coisa é simplesmente tolerada e se opõe ao quase-nada pneumático, assim como a austeridade e a sobriedade se opõem ao ascetismo, a indigência à mendicidade e a modéstia à humildade. Mas também dissemos que a densidade de ser tolerada não pode ser quantificada! E, por outro lado, esse "mínimo" implica indiretamente a limitação que lhe impõe o amor infinito. Se o amor infinito, deixando-nos por único pasto o *quase-nada*, é uma abnegação sublime e se o ser é a ambição de uma pleonexia egoísta, o *alguma coisa*, que é mínimo, seria então a resultante dessa ambição e dessa abnegação, o equilíbrio instável incessantemente desfeito e incessantemente restabelecido entre uma e outra. A partir daí, máximo e mínimo não são tanto antagonistas exclusivos um do outro quanto correlativos e complementares numa alternativa. Quanto mais ser, menos amor. Quanto menos ser, mais amor. Um compensa o outro. O problema escabroso da vida moral parece uma façanha, mas realizamos essa façanha quase sem pensar, quando amamos: é, repitamos, a de *fazer caber o máximo de amor no mínimo de ser e de volume* ou, inversamente, a de *dosar o mínimo de ser ou de mal necessário compatível com o máximo de amor.*

CAPÍTULO IV
OS COMPLÔS DA CONSCIÊNCIA. COMO PRESERVAR A INOCÊNCIA

1. Pletora e esporadismo dos valores. O absoluto plural: caso de consciência

O mais diabólico de todos os obstáculos é o obstáculo que tem por origem o próprio valor. O valor é o espaço da transparência e da comunhão. Como essa transparência pode se tornar fonte de confusão e de mal-entendidos? Existe, dizíamos, um resíduo opaco, inerte e irredutível, uma espessura que, sem se confundir com o "mínimo físico", é a seu modo uma espécie de mal menor: esse mal menor paradoxal provém, se podemos dizer, de uma superabundância de normatividade, ou mesmo do dever infinito. O obstáculo, nesse caso, não é certamente uma simples barragem material nem um simples impedimento, como é, por exemplo, a tentação que os teólogos chamam de concupiscência ou lubricidade; é um "mal necessário". E, como tal, esse mal necessário é parte integrante de uma estratégia defensiva justificada pela fraqueza do homem, pela modicidade dos seus recursos e pela finitude miserável da nossa vida; a lei moral – e por que não? – nos pedirá um dia, quem sabe, para preservar a parte luxuriosa do nosso ser, para deixar a esse ser todas as suas oportunidades e lhe poupar toda mutilação. Então, minha responsabilidade pessoal poderá se tornar o auxiliar objetivo e fortuito da dedicação; então meus deveres para comigo mesmo (se houver) me mandarão indiretamente agir no sentido do dever puro e simples. O obstáculo necessário é, às vezes, uma infidelidade aparente que, pelo jogo das circunstâncias, se encontra a serviço de uma fidelidade mais profunda e mais séria, embora mais desconcertante. E, em segundo lugar, na ordem temporal: a fidelidade pneumática é uma fidelidade de longo alcance; ela nos prescreve viver o maior tempo possível; ela nos proíbe de encurtar prematuramente nossa vida pelo sacrifício; o mesmo imperativo que me ordenaria amar o outro a ponto de morrer me ordena, ao contrário, viver, e viver precisamente pelo amor desse outro – e *é o mesmo!* –, viver e, em todo caso, sobreviver! No último momento e em contradição com a exigência absolutista, com o rigorismo literal, nós *preservaremos* uma extensão de vida para *reservá-la* à ajuda mútua militante. Eu tenho, não é?, de viver *um pouco para mim*, se quiser viver *muito para ti*! Essa concessão não levanta de maneira nenhuma um caso de consciência: uma solução é oferecida ao ativismo socorredor, e essa solução, recusando toda mediação utilitária, todo arranjo, toda economia demasiado engenhosa, adia para nós a tragédia do dilema. O imperativo moral não é em nada desmentido por essa solução. Porque é literalmente uma "solução", e o otimismo a adota. O ótimo não é um máximo para um mínimo? Um máximo com pouco custo? O ótimo não é o superlativo muito relativo de uma engenhosa economia?

De "trágico", no sentido próprio da palavra, só há os *casos de consciência* – com a diferença, é claro, de que o caso de consciência é o efeito de uma confusão ótica ou de uma análise aproximativa. E de indissolúvel só há a isostenia de dois valores igualmente válidos que se contradizem ou se desmentem um ao outro. O conflito dos deveres contraditórios fornece, inesgotavelmente, desculpas e pretextos a todas as renúncias, a todas as capitulações. Uma chance e tanta para a preguiça e a covardia dos sofistas! E qual a origem dessa concorrência? A origem dessa absurda concorrência é o *plural dos valores*; e a essência desse plural, por sua vez, é, em linhas muito gerais, o mistério do *absoluto plural*. Como o absoluto pode estar no plural? O absolutismo supõe a suficiência e a independência, a solidão e a autarquia. Quanto à multiplicidade, ela geralmente tem por conseqüência a relatividade; o paradoxo de um absoluto no plural não é, portanto, nem menos absurdo nem menos contraditório do que o não-senso de um singular no plural... Plural infeliz! Cada valor é, para si mesmo, infinitamente válido, válido até o absoluto; cada um quer ser só e soberano, e quer para si mesmo todo o espaço, e pretende absurdamente ir até as últimas conseqüências do seu direito; nenhum valor em si mesmo leva em conta valores rivais, nem sua própria limitação; os valores ora se repetem e redundam, ora se desmentem um ao outro; se os valores fizessem todos valerem a mesma virtude, valorizassem todos a mesma norma, ainda que sob formas diferentes e, no entanto, analógicas, poderíamos falar de um mundo dos valores, de um cosmos relativamente harmonioso composto de valores complementares. Ora, não é assim. Dir-se-ia que os valores nasceram de qualquer jeito, independentemente uns dos outros, sem levar em conta uns aos outros, como os cipós na floresta tropical. E, de fato, há algo de tropical nessa profusão em que as normas se entrelaçam tão inextricavelmente e se acavalam umas nas outras. A desordem e a incoerência ligadas ao esporadismo dos valores, longe de compor uma harmonia, atiçam uma guerra civil. Se nos ativermos à objetividade axiológica, esses antagonismos e os conflitos de valores que deles decorrem levarão a colisões e terminarão por imobilizar e inibir a ação. Mas, se se considerar o dilaceramento vivido e o desespero moral que, numa alma dividida, resultam do conflito dos valores, ter-se-á de falar, propriamente, de um caso de consciência. Em vão buscaríamos nos recônditos do mundo dos valores um isto-ou-aquilo, uma entidade maldita, uma nota desafinada, um diabrete talvez, que seria a causa palpável da dissonância: impossível pôr o dedo nessa dissonância, frustrar a trapaça, localizar o mal ou assinalar sua origem. Na verdade, a pletora do valor é que é o mal! O mal, natureza ambígua e fugaz, é de certa maneira a superabundância do valor, assim como a doença é, em certos casos, a superabundância da vitalidade. Porque o Demasiado é inimigo do Bem. Portanto é o valor por sua própria exuberância que se impede de existir. Mais precisamente ainda: o mal não jaz nesta ou naquela regra de ação, mas, em geral, no fato de que esta ou aquela regra de ação eleva suas próprias exigências independentemente das outras exigências; ora, uma virtude, separada de todas as outras, é um vício. É por isso que a perversidade, no mais das vezes, não tem nenhum conteúdo particular: a perversão que torna perversa essa perversidade está quase toda na recusa de levar em consideração o conjunto dos outros valores. Excelências e perfeições tornam-se, então, senis, perversas e maldosas pelo efeito da atomização; elas ficam então escuras e secas como poeira. No entanto, a atomização em si mesma não é o mal; o plural em si não tem intenção; o plural em si é indiferente; o plural não é, por si mesmo, nem bom nem ruim. A desagregação e os conflitos de deveres são as formas que a degenerescência dos valores adquire, mas essas próprias contradições e essa pletora ridícula têm por sua vez uma causa, e uma só, a mais simples de todas: as "virtudes" ressecadas caem como poeira porque o amor as deixou. Era a única coisa importante e não é nem sequer uma "virtude": talvez, inclusive, não fosse necessário lhe encontrar um nome! Separadas dessa coisa anônima e impalpável, desse não-sei-quê, separadas da sua alma e, por conseguinte, de tudo o que faria sua força e sua vida, as virtudes não são mais nada: horríveis caretas e uma piedosa macaquice – eis tudo o que resta delas. Esvaziadas desse amor que teria sido sua única plenitude, elas se tornam simplesmente máscaras da desoladora hipocrisia; uma verdade sem amor não é mais que secura e indiferença, uma justiça sem caridade é uma arenga repetitiva e um sarcasmo; uma verdade sem amor não é mais que mentira e má-fé, uma justiça sem caridade é o cúmulo da injustiça. Portanto, a intencionalidade é que é tudo! A morte da intenção amante é que é a causa, e a desagregação malvada dos pequenos talentos, tornada malevolente e hostil, é que é o efeito. Porque o egoísmo, e somente ele, é o universal divisor, o egoísmo, e somente ele, mantém o descosturado, a confusão, o desmando, a guerra de todos contra todos. Os conflitos de deveres, aguçados pelo esgotamento do amor, parecem justificar a existência de uma casuística: a casuística se aplica engenhosamente em soldar, em colar *a posteriori* valores deslocados, em reparar as fissuras; ela imagina, para esse reparo, novas fórmulas de argamassa. Em cada caso singular, para cada problema e cada aporia tomada à parte, a casuística empenhou-se laboriosamente na insípida e paciente tarefa: a bufonaria, o aspecto heteróclito e artificial desses remendos mereceram sua triste reputação. Se o homem crucificado pelos escrúpulos permanecesse fiel à inspiração do amor, não seria obrigado a buscar nas soluções conceituais ou em não sei que combinações engenhosas a síntese dos valores esfarelados; ele não precisaria do casuísta para reconciliá-los. A própria abnegação, na medida em que é amor, diz sim: não apenas ela afirma a existência de outrem, mas subentende indiretamente, e *a fortiori*, a preservação do ego; na transparência cristalina do amor, na límpida simplicidade da inocência, as contradições dos deveres se evaporam como que por milagre; o enxame das virtudes se reduz a partir de então a uma só virtude.

Dir-se-ia que há uma analogia entre o firmamento dilacerado dos valores e a cidade das pessoas: o descosturado axiológico parece ter se encarnado no plural monadológico. Claro, o absolutismo plural abre entre as pessoas certos vazios, certas descontinuidades, certas passagens que mobilizam o influxo transitivo do amor. No entanto, com freqüência ainda maior, esse absolutismo no plural atiça a luta pela vida. Do mesmo modo que as pretensões igualmente justificadas de todos os valores numa mesma suserania indivisa geram atritos e colisões, assim também o absolutismo de cada pessoa e de cada liberdade tomadas à parte, cada qual sendo fim em si ou *imperium in imperio*, gera cada vez a atração mútua e a concorrência feroz, isto é, a tensão passional. Ou, para empregar ao mesmo tempo a linguagem de Pascal e a de Leibniz: o universo monádico das pessoas e dos egocentrismos contraditórios é uma totalidade cujo centro está em toda parte. O outro é meu irmão em humanidade e, *por isso mesmo*, é paradoxalmente meu impedimento de viver; meu irmão-inimigo. Ele é próximo e distante. Ele é, como segunda pessoa, o foco de toda comunhão e é objeto de inveja e de ódio. Em virtude da lei da alternativa, o lugar de um é ocupado pelo outro, a parte de um é tirada da do outro; as mônadas são solidárias, mas, em razão da sua completude, são incompossíveis. E é assim que a pletora se transforma em penúria.

O mal é uma intenção, e nada mais. Dizíamos: não é o plural em si que é o mal, como ensinava a metafísica grega, mas a intenção maquiavélica e pérfida de explorar essa divisão e, explorando-a, debilitar os valores e lançar sobre a sua seriedade a dúvida e a desconsideração. Equívoco e insinuante: assim é o obstáculo que chamávamos de axiológico e que decorre principalmente do mistério do absoluto plural. Como é um mal imanente, uma luta intestina, que se trava entre os valores, é impossível hipostasiá-lo; como é um mal oculto nas intenções, não se pode dizer de que decorre, em que consiste, nem de que lado está: é intencional, e só. Deve-se acusar o instinto? Ou o vício? Ou Satanás? Um pouco disso tudo, e nada disso tudo. Em todo caso, nenhum inimigo em particular é culpado: sempre evanescente, incessantemente renascente, a malevolência impede a reificação do mal; ela recomeça infinitamente, mas não existe quase nunca definitivamente. O próprio paradoxo de uma pletora do valor já indica a que ponto a perversão pode ser evasiva e a má-fé, desconcertante. Repitamos aqui: são Francisco de Sales falava, em sua linguagem pessoal, de uma "avareza espiritual"! De fato, há uma rapacidade devota que se consagra à capitalização dos méritos e que faz coleção de virtudes. Estranhos, lamentáveis entesouradores que não colecionam medalhas e fitinhas, mas as próprias virtudes! Como quer que seja, a categoria da quantidade e a resposta à pergunta "quanto?" não nos esclarecem sobre a distinção qualitativa do bem e do mal. Se o valor é que está em questão, como poderia haver abuso? Abuso de quê? A palavra "excesso" não tem validade quando se trata da coragem ou do desinteresse... Nós havíamos indicado isso quando falávamos do *impetus* amoroso e da "demoníaca hipérbole"... A palavra "hipérbole" não é absurda, a partir do momento em que é aplicada à excelência? O lema, nessa matéria, seria antes: nunca é bastante! Nunca é demais! É um fato, no entanto, que os valores se contradizem, que um pode ser para o outro um impedimento e – suprema derrisão! – que a problemática moral muitas vezes é sobrecarregada de uma espécie de "peso" ético!

2. Todo o mundo tem direitos, portanto eu também. A reivindicação

Todo o mundo tem direitos, logo eu também. Os "direitos" que reivindico ou que reconhecem a mim são de certo modo a parte normativa desse peso. *Logo eu também!*, dizíamos. *Et ego!* Porque meus direitos são deduzidos dos direitos do homem em geral. O peso deles é particularmente pesado no raciocínio dedutivo que me serve para reivindicá-los e na mecânica irrefutável, incontestável desse "logo". Uma dedução? Que estou dizendo! quase um silogismo... Um direito válido para a universalidade dos sujeitos pensantes em consideração à sua igual dignidade é válido por isso mesmo para mim, que sou um desses sujeitos; um direito válido para todos os outros e, por conseguinte, para este ou aquele, me é *a fortiori* aplicável, a mim, que sou eu mesmo um desses outros, porque sou pelo menos um sujeito moral, um sujeito moral entre outros e como os outros, um desses sujeitos em favor dos quais se reclama a justiça e o direito. Eis uma aplicação que não está prevista especialmente em meu benefício. Não há nada a dizer contra essa lógica, porque é, em suma, a lógica elementar da identidade: o que vale para o todo vale igualmente para a parte; o que vale para o conjunto dos seres dotados de razão, primeira pessoa inclusive, vale *ipso facto* (com maior razão? com menor razão? conforme o ponto de vista) para essa própria primeira pessoa: porque eu também faço parte da espécie humana; porque eu também sou englobado no universalmente humano; sou um de nós todos! Afinal de contas, sou, como qualquer um, cidadão da república dos livres sujeitos morais... Nem mais nem menos que um outro – que qualquer outro! Nem melhor nem pior... Contanto porém que esses microcosmos no plural coexistam na plenitude dos seus direitos! Porque, embora não façam concessões umas às outras, embora se afirmem até o absoluto, isto é, até o absurdo, as mônadas se contradizem violentamente. Por outro lado, a comunidade humana, que está por inteiro a meu lado e de que sou um representante, dá sua força, sua irresistível caução moral à filáucia instintiva; a universalidade dos direitos do homem em geral confere ao nosso instinto de conservação e de perseverança no ser uma inencontrável normatividade, uma legitimidade que é nossa bem-vinda sorte. E, reciprocamente, a vivência do instinto, roçando na idealidade moral, torna-a mais concreta; ela encorpa a consciência da fraternidade humana e, aparentemente, parece ir no mesmo sentido; por uma osmose providencial, revejo carnalmente em mim o direito de todos os homens, ao passo que, vice-versa, minhas necessidades vitais – a paixão da liberdade, o direito de viver, a necessidade de amar – adquirem nesse amálgama a dimensão da universalidade. No reflexo passional, a lógica dedutiva injeta assim algumas gotas de idealidade, de objetividade e de imparcialidade; graças a essa injeção, a afirmação do meu direito não é mais simplesmente o efeito do egoísmo ou da voracidade: é uma *reivindicação*; ou seja: tem um caráter jurídico; o que reclamo não é nem uma pretensão arbitrária, nem uma exigência selvagem: o que reclamo, tenho boas razões para reivindicar; e reivindico nobremente, com toda a dignidade da boa consciência frustrada. A afirmação do meu direito próprio é particularmente enérgica quando protesta contra o que o contesta. Não há "razão" para que eu seja frustrado em meu direito; porque, primeiro, a espoliação é violenta, isto é, irracional; não há razão para que eu permaneça só como um pobre órfão abandonado, deserdado, esquecido, excluído de um "privilégio" que é, ele próprio, um paradoxo, já que é o "privilégio" de todos os homens. Uma só exceção a esse "privilégio" que não é um, uma só exceção a esse "privilégio" *quase* universal, universal de direito mas suspenso no meu caso e para meu infortúnio, uma só exceção em meu detrimento desmentiria no ato a lei geral; ou o privilégio é universal, e portanto não é um privilégio, já que todos os homens, do primeiro ao último, o possuem, ou ele me deixa inexplicavelmente de fora, mas nesse caso o princípio que pretende proteger o humano de todos os homens em geral e a dignidade de cada homem em particular, esse princípio é uma pilhéria: as duas palavras *menos eu* bastam; uma só exceção desmantelaria os grandes princípios, os direitos do homem, as verdades imortais e a própria teodicéia; pior ainda: quer dizer que o grande princípio não era mais que um absurdo e uma contradição? Simplesmente um não-senso! No mínimo, a chocante desigualdade é uma complicação que requer expressamente uma explicação, algo como uma anomalia que espera ser normalizada, uma dissimetria que exige ser compensada, uma violência cujas conseqüências deveriam ser niveladas. Mas a denegação de justiça não é apenas um ilogismo que se choca com a razão: ela provoca reações passionais e reflexos vingativos, cólera, indignação e ressentimento. A injustificável injustiça é absurda, mas a revoltante iniqüidade é um escândalo. A iniqüidade era na realidade uma inconfessável, uma escandalosa perseguição, e eu protesto contra ela: a recusa insurrecional se soma ao raciocínio da razão, o raciocínio confirma e legaliza a recusa. Não aceito ser maldito, não aceito ser pessoalmente excomungado da comunidade jurídica e moral, aquela que se estende a todos os homens, até o último, a todos os humanos por definição, sem exceção nem exclusividade alguma: protesto contra essa suposição impossível a meu desfavor, contra essa discriminação irracional em meu detrimento.

Na providencial interação de uma filáucia legitimada pela filantropia com uma filantropia reforçada e vitalizada pela filáucia, há algo de suspeito: uma inquietante troca de bons procedimentos! Esse algo de suspeito não é, certamente, uma coincidência milagrosa, nem uma ocasião excepcional, menos ainda, como se poderia vulgarmente pretender, uma "boa dita". Na verdade, essa "sorte" repousa na harmonia permanente... e aproximativa entre o interesse pessoal e o interesse geral. Ora, o incorrigível otimista é sempre tentado a ajudar a sorte;

ele se diz que, trabalhando para si mesmo, também trabalha para os outros; ele realiza com esse fim prodígios de engenhosidade, de má-fé... Que faro! Que comprazimento silencioso! Não há nada aí além de mercenarismo, comutação de serviços, toma lá, dá cá.. Mas o amor, nisso tudo, onde foi parar? Tornou-se o quê? o amor, quer dizer, a vocação amorosa? o amor, quer dizer, um coração inspirado? À semelhança do meu poder, que é latitude para agir e zona de virtualidades para além do ser atual, "meus direitos" são, em torno do ego, uma zona afirmativa que amplia meu ser-próprio. O conjunto dos meus direitos-próprios constitui uma espécie de "mínimo jurídico" que é, à sua maneira, a forma normativa do mal menor. Alguns se espantarão, sem dúvida, ao ouvir dizer que meus direitos, aqueles a que *tenho direito*, e de pleno direito, são um "mal"... Mas é o menor – pelo menos, dado o conjunto das circunstâncias! Como essa positividade que é, para mim, uma garantia e um poder, como esse "plus" que garante a minha segurança podem ser um mal, ainda que o menor, ainda que o menor possível? Espantar-se com uma coisa tão pouco espantosa é desconhecer o fato da alternativa e da finitude, e é portanto desconhecer o paradoxo da feliz miséria. Meus direitos são ao mesmo tempo *um pouco* e *pouca* coisa: um pouco, isto é, mais do que nada, isto é, uma humilde garantia contra a bestialidade, a rapina e a violência; pouco, isto é, quase-nada, ou apenas alguma coisa, ou, em todo caso, o mínimo possível, justo o necessário para não se aniquilar... Os direitos, em razão do seu caráter normativo, valem mais que a arbitrariedade da violência sem fé nem lei, mas o amor vale mais que tudo! Como o ter/haver e como o próprio ser, na medida em que o ser é depósito congelado, meus direitos são uma religião opaca em que a luz penetra com dificuldade, um mundo inerte em que o impulso de amor se ergue com esforço e torna logo em seguida a cair. Mas, na medida em que meu direito-próprio, ainda que o mais pessoal, nunca é absolutamente privado de toda idealidade, deveríamos poder dizer: essa zona é a do claro-escuro. Eu, beneficiário dos direitos do homem, sou por isso mesmo o titular de um crédito moral que, por mais moral que seja, ainda assim é um crédito, crédito cuja gestão é para mim fonte de delícias, de preocupações, de contentamento. Justiça para mim, como para todo o gênero humano! Justiça... para todo o gênero humano: essa é a parte da moral aberta. Mas, primeiro, justiça para mim mesmo! Justiça para esse mundinho fechado, para esse jardim bonito, para esse microcosmo fechado em si mesmo que tem o eu como centro. Será que essa harmonia imanente cujos elementos intrínsecos são tão densos e tão bem equilibrados e burilados merece ser chamada de justiça, quando nem sequer leva em conta o outro? Na linguagem substancialista da lógica egocêntrica, meus direitos são toda positividade, são os que antecedem e condicionam meus deveres. Pode-se admitir que *meu* direito, fechando o círculo, me caiba secundariamente, por intermédio do *teu* dever? que meus direitos sejam simplesmente uma conseqüência fortuita dos deveres alheios? um efeito de ricochete, de certa forma? De jeito nenhum! Seria pior que uma sorte derrisória: seria uma verdadeira miséria! Há mais, porém: a reivindicação, quando se trata do meu direito, não é apenas preveniente, também é, como indicávamos, essencialmente protestatária e, por conseguinte, invejosa e desconfiada, se não arrogante: a reivindicação engendra imediatamente o gesto revolucionário que compensará a injustiça. Meu direito não é objeto de uma constatação platônica; menos ainda é um favor ou uma esmola que eu mendigaria e em troca dos quais eu deveria, aos que os concedem a mim, gratidão e agradecimentos comovidos. Afinal de contas, esse direito me é devido. E reclamo apenas meu direito. É a menor das coisas! O homem que reivindica fala alto e forte. Porque seu próprio direito tem a força da coalizão (da cumplicidade?) que associa a norma ao instinto; o cartel que a justiça forma com a pleonexia, embora fonte de mal-entendidos, representa no entanto uma dupla força; o homem imbuído de seu direito sufoca os escrúpulos e os pensamentos ocultos, reprime a falsa vergonha e os complexos, se os tiver; a cólera ferve nele, pronta para explodir. O homem imbuído do seu direito se crê imbuído igualmente da sua íntima boa consciência, e essa boa consciência aparente é consciência de nada "postular"; a reivindicação do homem que fala forte se quer limpa de toda e qualquer gratuidade, de toda e qualquer arbitrariedade; nada de vago, de ambíguo, nem de alusivo; nenhuma timidez, nenhuma sugestão crepuscular. Tudo é estrito e rigoroso. Essa boa consciência exclui até mesmo a suspeita de uma má consciência nascente; nada do que é fobia ou masoquismo, mania de perseguição ou paixão pelo martírio aflora sua segurança. Será preciso a justiça se pronunciar contra mim para me parecer justa? que a justiça seja justa unicamente quando é em meu detrimento? Não sou exceção à lei comum, mesmo que a lei comum, por uma vez, me favoreça! Mesmo que a justiça sirva ao meu interesse! Afinal, não é escândalo nenhum a lei me conceder meu direito, e não é tampouco uma razão para considerar suspeito esse direito. Independentemente de qualquer justificação egoísta ou sensata, em certos casos é preciso saber admitir uma vantagem com simplicidade.

3. Todo o mundo tem direitos, menos eu. Só tenho deveres. Para ti todos os direitos, para mim todos os ônus

Mas justamente: a boa consciência ensurdecedora e tonitruante do meu direito só brada a plenos pulmões para encobrir, no fundo de si mesma, outra voz enterrada no meu foro interior; esta outra voz é a voz, humilde e secreta, da má consciência. Essa boa consciência tão segura de si e, de fato, tão profundamente ambivalente, queria primeiro se convencer a si mesma. No tom da sua voz, podia-se detectar uma hesitação – em sua própria insolência, uma profunda incerteza, na própria vociferação, uma timidez oculta e como que um tremor imperceptível... Reatemos o fio dos paradoxos momentaneamente interrompidos. E, primeiro, o paradoxal da primeira geração é diretamente aparentado ao doxal e aos truísmos oriundos do princípio de identidade: todo o mundo tem direitos, logo eu também; meu direito aparecia então como um elo na continuidade de uma dedução tranqüilizadora. Agora, ao contrário, diríamos em vez disso: todo o mundo tem direitos, menos eu; aqui a preposição *menos* abre um vazio no lugar do *portanto* e sobrevém com a brutalidade de uma ruptura, uma ruptura injuriosa e escandalosa que, neste mundo implacável em que cada um é portador de um direito a defender, dá uma freada na generalização do direito moral seguro de si e um desmentido cego à sua universalidade. *Contanto que* eu mesmo não seja um candidato maquiavélico e sutilmente hipócrita ao heroísmo, professo por livre e espontânea vontade a ofensora exceção, o inconfessável *numerus clausus* que me excluem para sempre de toda reivindicação. Serei apenas um deserdado e um pária.

Embora não tenha expressamente desejado ser privado de suas posses, o homem sem direitos renuncia a se emburguesar e assume a pureza do despojamento absoluto. Não é, de sua parte, nem afetação, nem coquetismo, nem masoquismo: porque tudo isso, e a mania de perseguição, e o deleite com o martírio, ainda são para o hipócrita maneiras de reservar seu direito. O justo, vítima de uma injustiça extrema, como Jó nas suas provações escandalosamente desmerecidas, se confunde no limite com o amante desinteressado, desesperado, que ama sem contrapartida.

O cínico não conhece outros direitos que não seus próprios direitos; e não são portanto *direitos* no sentido normativo, pois se trata de um fato bruto. Meus próprios direitos são, para mim, simplesmente o absoluto da violência e da pleonexia sem medidas nem limites. Eis o belo axioma do egoísmo. E a justiça retifica, traz nuances e retoques: os direitos do homem são os meus direitos do homem, limitados, ajustados e, se necessário, suspensos pelos direitos dos outros, pelos direitos do maior número de homens possível; pelo menos é o que resta deles! Eis agora a austera verdade: os direitos do homem são os direitos dos outros, sem concessões nem compensações, sem acomodamento de nenhum tipo. Longe de direito e dever poderem ser considerados como o positivo e o negativo, como a frente e o verso de uma mesma realidade moral, é radical a dissimetria entre um e outro. O paradoxo dos paradoxos, para quem não quer cair na piedosa hipocrisia da boa consciência, se resume no seguinte: *a priori* e teoricamente, tenho direitos, mas falando propriamente e no limite, não tenho nenhum direito. E, antes de mais nada: tenho direitos. Meus direitos – pelo menos aqueles a que *tenho direito* – existem, ou antes, consistem na objetividade jurídica e na reciprocidade social: eles coincidem um com o outro, aglutinam-se um ao outro, formam um sistema de inteligíveis, uma espécie de montagem que é, de certo modo, nosso haver ético; melhor ainda, eles são reificados, enumeráveis, e nós não paramos, com muitas variantes, de recitar sua lista; nós os designamos como os antigos astrônomos designavam os astros na esfera dos Fixos. Eles não mudam de cor conforme a iluminação, não dependem do ponto de vista. Em relação à ótica especulativa da mônada das mônadas, toda mônada, como portadora de direitos inteligíveis, vale idealmente tanto quanto uma outra. E os portadores de direitos, por sua vez, são teoricamente iguais, se não intercambiáveis.

4. Reificação e objetividade dos direitos, imparidade e irreversibilidade do dever

Nesse firmamento dos direitos e das normas, o dever faz aparecer um princípio de desestabilização e de inquietude: nosso patrimônio axiológico é posto entre parênteses. A ação transformadora que é nossa vocação acentua o caráter contingente e corrigível do dado; o dado parece ser totalmente diferente... O dever traz consigo a disparidade ou, até mesmo, a imparidade. Porque o dever é essencialmente *ímpar*! O escrúpulo, a humildade, a paixão de completar e de corrigir nascem em sua esteira; humanizando a igualdade jurídica, invertendo o desnivelamento egoísta, que é todo em meu benefício, o dever institui o desnivelamento às minhas custas... Em outras palavras, o homem de dever é fundamentalmente *desinteressado*. Para além de todo mercenarismo, o homem de dever professa (se é que se pode dizer: "professa"!) uma magnífica negligência quanto à regularidade, quanto ao equilíbrio, quanto à simetria do *toma lá, dá cá*. A relação chamada dever é, nisso, de mesmo sentido que a generosidade, a piedade ou o amor, e é uma relação *de mão única*; mas a dominante dessa relação é muito mais o rigor voluntarista da dedicação do que a preocupada e terna solicitude. Em todo caso, exigência imperativa ou espontaneidade amorosa, o dever contraria a transformação do bom movimento em mérito e em coisa; ele nos mantém na expectativa; ele mobiliza e remobiliza sem cessar o bom movimento sempre tentado a se mirar no espelho do contentamento e vagar a esmo; a tensão extrema do dever impede o entesouramento dos méritos e a capitalização das virtudes, o dever quebra progressivamente nossos chocalhos e nossos brinquedos. Tensão extenuante e apaixonada, o dever mantém a consciência aberta. Aberta para o quê? para que porvir? O pólo magnético que atrai à distância e orienta a intenção se chama segunda pessoa; esse futuro é ao mesmo tempo próximo e distante... Tão próximo, tão distante! Ele é o futuro próximo, porque aponta para o primeiro não-eu além do eu e em sua tangência imediata comigo, porque é *apenas* um não-eu, porque é *quase* eu sem ser eu; no tempo, ele designa portanto um dever *urgente* ou, pelo menos, se relaciona a uma tarefa *iminente*. Além disso, o dever sempre tem em vista um outro sempre outro, outro que não eu infinitamente e outro ainda que totalmente outro; outro com um expoente infinito. A vontade moral, fascinada e, por assim dizer, imantada, não está mais onde estava: através do vazio, a vontade querente deu o salto mortal para alcançar instantaneamente a coisa querida e identificar-se milagrosamente com ela; a vontade magnetizada, como dizíamos do êxtase, está fora dos seus trilhos. Não é essa espécie de êxtase que deveria ser chamada de intencionalidade? A vontade sobre esse ponto é tão milagrosa quanto o amor: o lugar deixado vazio pelo esquecimento de si cria, se ousamos dizer assim, um efeito de aeração, mediante o qual a relação de um ao outro ou, mais simplesmente, a relação *tout court* terá um sentido. E não somente o sujeito não está mais onde estava, como não é mais o que era, não é mais ele mesmo. Essa segunda fantasmagoria e a primeira constituem, em suma, uma só e mesma coisa. A onipresença e a metamorfose, no limite, se confundem. Sujeito amante ou sujeito querente, o sujeito está ao mesmo tempo aqui e ali, e é ao mesmo tempo o mesmo e outro, ele mesmo e totalmente outro. No lugar vazio, não há uma coisa, nem tampouco outra coisa, há um fim apaixonadamente querido e há o acusativo do amor, que é todo impulso e todo fervor. A vocação do dever me chama a viver para o outro, continuando a ser inexplicavelmente eu mesmo. Mostraremos que esse impulso é a inocência. Ora, não faltam obstáculos que o fariam derrapar. Eis os três principais, dentre os mais perigosos: o primeiro é naturalmente o instinto crapuloso e a ogrice, o *autos* e sua *philautia* bestial; para que o ser humano se transforme em pessoa humana e em sujeito do dever, ele deve primeiro se esvaziar de sua egoidade substancial. Que ele se torne uma espécie de nada ante o olhar do outro! Que a rarefação extrema do seu ser o torne translúcido! Então meu próximo, que esperava tudo de mim, voltará a esperar. O segundo obstáculo é o altruísmo profissional, que faz da filantropia uma especialidade para uso de uma clientela: o altruísta recomeça a cochilar e a ronronar. E o terceiro obstáculo é o movimento de retroversão escrupulosa do homem que, desmentindo a vocação do dever e esquecendo seu próximo-distante, se voltará para o si, não reflexivamente, mas doentiamente, a fim de aprofundar suas manias.

A ótica egocêntrica que se inscreve nas pessoas da conjugação acarreta, a todo instante, as reviravoltas mais paradoxais. Por isso, é preciso estipular e especificar sem cessar a cláusula irracional do *ponto de vista*: essa cláusula é um detalhe aparentemente circunstancial, se não anedótico e derrisório, e, por conseguinte, desprezível; no entanto ela vira pelo avesso todos os juízos de valor e é, portanto, moralmente decisiva. A circunstância é mais essencial que a essência. Pequenas causas, grandes efeitos. Gracián e Pascal, como se sabe, tinham grande apego por essa metafísica da derrisão. Na objetividade impessoal da mônada das mônadas, os direitos da pessoa humana são todos eternos, absolutos, igualmente e infinitamente válidos. Mas o mistério do *absoluto plural*, que é o das pessoas, perturba o céu sereno. O ser moral também é um ser psicossomático; ele está à mercê da sua finitude carnal e das cláusulas derrisórias: impondo a todos os humanos a ótica parcial, o privilégio unilateral da primeira pessoa, o egocentrismo é de certo modo a imagem vivida de um universo caricatural que só monstros habitam. Pode-se dizer que o centrismo desse centro se organiza em nós à maneira de um *a priori*? Seria esquecer que o *a priori* é racional, que a prioridade do eu, ao contrário, é muito mais biológica e instintiva. Pode-se dizer pelo menos que *o eu* é o centro em torno do qual se ordena meu próprio microcosmo – meu microcosmo egoísta? *O eu* (com artigo) é uma entidade geral, um conceito que já pressupõe a redução das deformações nascidas do egocentrismo e que, em certa medida, neutraliza ou compensa, explica ou desculpa essas deformações: dizendo o eu, do alto da minha objetividade – o eu, e não eu, não eu que lhes falo e que escrevo isto, neste exato lugar e neste exato momento –, eu já tomo distância da inconfessável preferência egoísta: eu me dessolidarizei dela; eu e eu mesmo não formamos mais um bloco único; abandonei meu estado de indivisão substancial comigo mesmo. A tomada de consciência é que determinou essa fissão. Mais tarde, a consciência cindida pode voltar de propósito à etapa da indivisão, professar doutoralmente, isto é, cinicamente, o egocentrismo original, fazer dele sua religião: ora ela coincide com a insolência e potencializa o instinto; ora consente, com toda lucidez, a propensão egoísta; seu egocentrismo se torna egotropismo, e ela cede a todas as tentações: retração em si mesma, peso moral, recusa ao diálogo, fobia do outro e abertura. Mas, se ela adere à sua naturalidade, é porque já se dissociou teoricamente dela. A história da consciência fará o resto... Porque não limitamos as conseqüências infinitas da tomada de consciência!

5. A primeira pessoa se torna última, a segunda se torna primeira. Sou o defensor dos teus direitos, não sou o fiscal dos teus deveres

A conversão de um extremo ao outro, de um extremo ao extremo diametralmente oposto, marca, para a consciência, o advento de uma vida moral: a primeira pessoa, primeira para mim mesmo segundo a gramática e a conjugação, fica sendo a última: sempre para mim; a segunda pessoa, a do parceiro (o tu), torna-se pneumaticamente a primeira, a primeira para mim, me desaloja da minha egoidade e toma meu lugar... continuando a ser numericamente outra pessoa: ela será, pelo interesse apaixonado que tenho por sua existência e por sua felicidade, minha nova primeira pessoa! Ἔσονται οἱ ἔσχατοι πρῶτοι καὶ οἱ πρῶτοι ἔσχατοι: os últimos serão os primeiros e os primeiros, os últimos[1]; essa interversão revolucionária do número ordinal é o sinal de um reviramento mais radical ainda, de um reviramento ascético e literalmente sobrenatural que preludia, talvez, o reviramento dos reflexos e o advento de uma naturalidade contrária à natureza. A sobrenatureza transcende ao mesmo tempo a natureza e a natureza contrária à natureza... a qual nunca é mais que uma natureza pelo avesso! Ou antes, a sobrenaturalidade nunca será, em ato, contranatural, nunca se acostumará a andar de cabeça para baixo: pelo menos, uma luta sem trégua se torna possível entre o amor desinteressado e os reflexos acossados pelos escrúpulos. A conservação do ser-próprio e o aumento do haver-próprio virão agora em último lugar, depois da terna solicitude que nosso próximo nos inspira. As formas mais elementares da cortesia e da sociabilidade são como que uma abordagem tímida e ainda bem convencional da abnegação: o guloso refreia sua gulodice e se serve por último; ele se acostuma a escolher a parte menor, não para dar ao público uma formidável noção de virtude, mas, se isso é possível, por pura gentileza; o capitão do navio que vai a pique é o último a abandoná-lo, não teatralmente e para imortalizar seu exemplo, como o almirante do filme *As oito vítimas*, mas para salvar o maior número possível de homens.

Por uma conversão súbita e muitas vezes sem futuro, meu dever para com outrem desaloja assim o egocen-

---

1. Mt 20, 16; 19, 30; Lc 13, 30.

trismo, que ocupava o primeiro lugar – todo o lugar. Essa *primazia* do dever, do meu próprio dever para comigo, não é, como a *prioridade* do instinto e do meu direito, uma simples prioridade biológica e cronológica; mas não é tampouco um *primado* ontológico, como o dos direitos impessoais do homem como homem. Se a prioridade do instinto é, muito mais, *preexistente*, a primazia do dever é, muito mais, *preveniente*: os problemas que ela nos coloca nós encontramos a propósito de um caso de consciência, isto é, de um conflito de valores. No limite e em princípio, só tenho para com meu próximo deveres, sem ter moralmente sobre ele o menor direito e, notadamente, sem ter direito à menor recompensa: essa é a verdade desinteressada, a austera e ingrata verdade do dever! Quanto a ti, meu próximo, tu só tens direitos sobre mim, sem ter deveres para comigo, pelo menos deveres cujo respeito eu possa exigir moralmente: teus deveres para comigo não me dizem respeito! A ti, todos os direitos, a mim todos os deveres e todos os ônus! E, como se isso não bastasse: meu dever, mais que outra coisa, se aplica à preservação dos teus direitos, engloba e comanda essa preservação como uma das suas exigências mais imperativas. O que é sagrado para mim e que é objeto da minha preocupação cotidiana e da minha constante solicitude não são tanto os direitos do ser humano em geral, dentre os quais figuram os meus, são antes de mais nada os direitos do outro e, mais particularmente, os teus – porque eu trabalho pelos teus direitos, e não pelos meus: o primeiro dos meus deveres é o respeito pelo outro, pela sua dignidade, pelos seus direitos, pela sua honra; por essa honra que não é a minha, eu combato e, se preciso, eu me sacrifico; devo ser capaz de morrer por essa honra. Não porque tua honra e tua desonra fossem uma parte das minhas, ou repercutissem sobre mim, como na moral tribal, mas unicamente porque essa honra é a tua, e somente por essa razão... que não é *uma razão*! Não sou o fiscal dos teus deveres, mas sou o defensor dos teus direitos.

Os direitos são um *mais* que é um *menos*; e, inversamente, os deveres são um *menos* que é um *mais*. Os direitos são um Mais, claro, quando considerados em sua relação com as normas em si, com os valores eternos e metafísicos de que as medalhas cintilantes, as cruzes, as fitas multicores são o reflexo e o símbolo, ou antes, a lembrança...: de certo modo, o resumo! Mas os sinais de uma coragem passada não são mais a própria coragem: porque a coragem é no instante presente; e o mérito precisa ser continuamente renovado, rejuvenescido, atualizado; não se pode viver a vida toda em cima dos seus títulos de glória de quarenta anos atrás: o antecedente, em matéria de heroísmo, não conta! Os direitos que se inscrevem, que se exibem em letras maiúsculas no peito do bravo, de um homem coberto de direitos, couraçado de títulos e constelado de recompensas, esses direitos se tornaram um simples poder, isto é, um haver, estático, inerte e ressecado como todo haver: o homem merecedor, esmagado por essas relíquias de um passado defunto, acaba sufocando sob seu peso. Assim como uma virtude isolada das outras virtudes é um vício, também a verdade do meu direito, exilada do dever, não é mais que uma abstração, isto é, uma mentira.

Um menos que é um mais: assim é o dever. Primeiro, um menos: porque suas tarefas áridas e ingratas exigem o sacrifício do meu interesse-próprio e são extraídas do meu tempo de lazer e da minha liberdade. Teus direitos é a ti que cabem ou pertencem, mas é a mim que a defesa deles *incumbe*: e eles são, sob essa forma, o mais sagrado dos *meus* deveres; não é meu papel fazer valer meus próprios direitos, nem reivindicar o que me é devido, nem mesmo falar a esse respeito – porque a consciência do meu direito, considerado reflexivamente e na primeira pessoa, nunca é moral; ela é prisioneira do interesse e da sordidez. O homem do dever não trabalha para justificar mais ou menos hipocritamente seu direito ou sua ambição, ele existe muito mais para santificar a felicidade dos outros. O positivo e o negativo, associando-se, dão ao dever a modelagem e o relevo da ambivalência. Sublimidade e miséria, diria Pascal... Nossa finitude esbarra invariavelmente nessa mesma alternativa, nessa mesma barreira intransponível. Não podemos ter todas as vantagens ao mesmo tempo! A angústia será portanto, como sempre, o preço fatal da nossa dignidade... O encargo que nos cabe é nossa pesada responsabilidade, e nos reserva muito amargor. *Noblesse oblige...* Dignidade obriga! Mas não é, evidentemente, por *nobreza* que o homem do dever dá continuidade a essa extenuante iniciativa eternamente inacabada... Não é para representar um papel nobre que ele permanece fiel, sem nenhuma esperança de recompensa, à obra interminável!

A relatividade das pessoas da conjugação se resume finalmente, para todos os homens, na oposição de dois universos, poderíamos até dizer de duas paisagens: o primeiro, que é um ponto de vista, meu ponto de vista, e que é o cosmos egocêntrico, deformado e incessantemente mutável, visto através das pequenas janelas do meu corpo; o outro, que é o não-eu em seu conjunto, o universo objetivo, o universo do outro, de todos os outros. O fato impalpável de ser um outro, isto é, de ser meu semelhante-diferente, monadicamente distinto de mim mesmo, é, se podemos dizer, a causa de um amor sem causa. A causa impalpável só pode ter por efeito um amor inexplicável. Amar o outro simplesmente por ser ele outro, sem nenhuma razão e independentemente dos seus méritos, é próprio de um amor puro e desinteressado, de um amor imotivado. Porque sou eu, porque é ela: esse *porque* circular não responde a um *por que* e remete a si mesmo: eis a absurda fórmula do amor gratuito. Quando a resposta é finalmente a simples repetição da questão, isso significa: não há outra razão de amar além do fato da pura alteridade... O que, evidentemente, não é uma razão, pelo menos uma razão suficiente; o fato de um outro ser outro – meu outro! –, qualquer que seja esse outro, esse fato é uma tautologia e não poderia bastar. Mas para que marcar passo? Seria preciso então pretender: é justamente a ausência de toda razão que é a razão. Mas querer a qualquer força que a própria ausência da razão seja uma razão é interpretar de uma maneira pedante a incomparável gratuidade do amor. Fora até mesmo da característica verbal desse passe de mágica, podemos notar que o gosto dos humanos pelos amores absurdos ou disparatados ainda é um coquetismo, e dos mais alienantes... O amor desinteressado, o amor imotivado, não é capricho de um amante teimoso. Não, o puro amor não é uma fantasia. Mas também é o contrário de uma teimosia absurda: a verdade é que, sendo ele próprio fundador de uma causalidade, antecede toda etiologia; ele é categoricamente imperativo, justamente porque é incondicional; como os aromas da primavera, ele é paradoxalmente, absurdamente inspirador. Por outro lado, nosso amor pela alteridade do outro é um puro amor, porque se dirige à própria essência do ser amado. O que ele ama não é esta ou aquela qualidade eminente nesta ou naquela pessoa amada (um dom excepcional neste, um talento notável naquele), porque o amor nesse caso seria secundário em relação ao amável e se extinguiria com a qualidade que lhe deu nascimento: esse pobre amor mercenário, motivado, condicional está a reboque de um *porque*; ele se divide e se espalha entre as razões de amar, e sua alta temperatura cai; a fervente chama do amor, sempre preveniente, que arde no êxtase amoroso e no esquecimento de si, ele nunca conhecerá.

As razões de amar, quando pretendem motivar o amor, se transformam em mercadorias monetizáveis, em títulos negociáveis e, por conseguinte, revogáveis. Vamos mais longe: o precioso, o inestimável movimento da intenção, mal toma consciência de si, se torna esquema inerte e moeda falsa; todo o arcabouço moral cabia na frágil ponta da inocência: o edifício, privado do instante inspirador, ruiu de repente, e dele só restam escombros. Melhor ainda, e com outras imagens: para desmascarar o blefe do vaidoso, bastou uma só palavra, um monossílabo, um adjetivo possessivo... *Minha* boa ação, *meu* desinteresse! Assim degeneram os méritos que o ego reivindica, assim se atrofiam as eminentes virtudes que o sujeito atribui a si mesmo: essas virtudes soam falso, não porque qualidades tão meritórias seriam em si condenáveis, mas pelo fato impertinente de atribuí-las a si próprio, delas se prevalecer e, mesmo, simplesmente, delas falar. Caricatura de consciência, a "reflexividade" complacente do eu é um veneno deletério. Há qualidades que são imediatamente ou *ipso facto* contraditas, desmentidas, anuladas pela reflexividade do adjetivo possessivo (minha modéstia! meu humor! meu charme! minha inocência!), outras que se tornam bufas e duvidosas pela simples adjunção do Eu (minha dignidade!): a grandeza de alma, se não é aniquilada, pelo menos é diminuída pelo enfatuamento e pela mesquinhez. Mesmo quando tem seus motivos, a satisfação de quem brande sua bela alma como um sabre é suspeita e, no mínimo, sujeita à dúvida. Eis portanto uma verdade que é objetivamente verdadeira... e que, no entanto, não tenho o direito de dizer: a partir do momento em que a digo (logo eu, e não você nem este ou aquele), ela se torna imoral, ridícula e até totalmente falsa! São essas as duas formas invertidas e aparentemente arbitrárias de uma mesma asseidade: a verdade se torna pneumaticamente mentira (permanecendo, porém, literalmente verdadeira), unicamente porque eu a professo e porque estou de má-fé; o falso se torna pneumaticamente verdade (permanecendo falso, porém) porque amo de amor sincero e porque um amor sincero não tem contas a prestar nem razões a dar; em todos os casos, o amor preveniente é *causa sui*! Conforme eu enuncie a lisonjeira verdade sobre a minha bela alma ou que um outro a enuncie em meu lugar (se for, notem bem, a mesma verdade), a lisonjeira verdade muda totalmente de sentido, ela muda de foco e de alcance; e, se eu a divulgo aos quatro ventos, ela se torna francamente chocante e absurda. E tudo isso, notemos de novo, unicamente porque sou eu, e por essa simples razão! Diremos de novo que essa simples razão não é, afinal, uma razão, que é antes uma contra-razão. A veracidade mais verídica, mesmo compensada pelo redutor chamado "equação pessoal", ainda é imperceptivelmente falseada: é o *a priori* da egoidade que está em causa aqui. A desculpa da primeira pessoa é uma simples precisão gramatical? Longe disso! Essa irritante precisão não é um vão detalhe anedótico e circunstancial. Se a deformação que ela nos revela se reduzisse a um capricho arbitrário e gratuito, ela não seria nada: pecadilho insignificante, simples exagero enfático e pitoresco. Ora, trata-se de uma fatalidade constitucional, e essa fatalidade é mais pérfida que o desacordo entre a aparência e a essência: porque ela não diz respeito à relação entre a verdade e o erro, mas à qualificação moral da pessoa. Minhas virtudes, por pouco que eu me prevaleça delas, se tornam vícios, isto é, tiques e manias ridículas, ou descambam para a macaquice. Meus méritos – os mesmos que, na época e objetivamente, foram méritos notáveis – faz tempo são repisamento. Meus talentos não passam de blefe, charlatanice e instrumento de arrivismo. O que, em definitivo, é propriamente irracional e até um pouco diabólico é a inexplicável contradição inerente ao *mínimo ético*: o mínimo ético, reivindicado, torna-se jurídico, e o mínimo jurídico, reivindicado, torna-se por sua vez um depósito sem vida, haver e título de propriedade; o mínimo ético está, no fim das contas, trancado num cofre, e isso pelo simples efeito da reivindicação, em virtude da pretensão mais legal, logo de pleno direito. A normatividade é aqui reivindicada, não é portanto usurpada, não resulta de uma apropriação indébita. Era essa normatividade de um dos dois contraditórios que nos fazia dizer: será que a contradição é diabólica? Será que a contradição é uma maldição? Será que esse *Eu* que envenena nossos justos direitos é maldito? Quem sabe a maldição da contradição não é uma peça pregada pelo gênio maligno! Em todo caso, explicar-se-ia assim o caráter às vezes um tanto terrorista de uma repressão que, na linguagem, proíbe e censura a primeira pessoa e que opõe a fobia do *Eu* à doença da jactância. Proibição de sussurrar o monossílabo maldito! Proibição até mesmo de pensar nele! Todos esses vetos por causa de um monossílabo! Ora, dizíamos fobia onde talvez devêssemos dizer pudor. A fobia é uma anomalia patológica, mas o pudor é a flor mais rara, mais delicada e mais requintada da existência moral. Aqui o monossílabo não é mais que um sopro, um ligeiro respiro, uma confissão apenas audível. Os direitos – entenda: meus direitos, não os seus – verificam e justificam essa discrição: eles querem manter o incógnito, eles nos pedem o anonimato. Somos proibidos de assumir nossos próprios direitos! É-nos proibido professá-los... Adeus, meus direitos! No entanto, meus direitos são justos e verdadeiros. *No entanto (eppure)*... Essas duas palavras exprimem a teimosa verdade da paradoxologia que protesta escandalosamente contra as evidências vulgares e continuamente renascentes do senso comum. Finalmente, o status dos meus direitos-próprios e da minha dignidade não está fundado nem na evidência nem na inevidência: ao contrário, é envolto em ambivalência e em ambigüidade; é essencialmente desconcertante. Atenuada pela surdina do pudor, a reivindicação reivindica a meia-voz, se faz tímida, evasiva e às vezes quase confidencial; na penumbra, a evidência perde a nitidez e a insolente certeza, privada da sua segurança dogmática, aparece duvidosa e brumosa. Os direitos universais do homem são, em definitivo, direitos inapreensíveis e, por assim dizer, impalpáveis, que é escandaloso negar aos outros e que, no entanto, não posso reivindicar para mim. Não é uma injustificável injustiça? uma insolúvel contradição? O eu é odioso. Escondam esse eu, não quero vê-lo! Sem dúvida, porventura o *Eu* não é feito para se ver a si mesmo? Mas enfim... tantos escrúpulos a propósito de um monossílabo? tantos escrúpulos e todos os tormentos da má consciência? A insignificância da verdade mesquinha e da meditação que ela nos traz – eis um tema de meditação bem pascaliano. Derrisão das derrisões! Que derrisão! De novo, tudo depende desse detalhe mesquinho, tudo está preso a esse detalhe: a pessoa da conjugação, o número dessa pessoa. Porque o número muda tudo, decide tudo. E, aliás, a ironia dessa desproporção caricatural entre o eu e a verdade – ironia muito semelhante, por suas conseqüências desmedidas, ao nariz de Cleópatra – não é, antes, um mistério? Indiscutivelmente, tal contraste tem aspectos burlescos, e é a essa misteriosa comicidade que deveremos doravante dar o nome de *paradoxo*.

6. Abrir os olhos. A perda da inocência é o preço que o caniço pensante tem de pagar por sua dignidade

No interior do mínimo ético, a consciência de si pode aparecer, em certos casos, como o elemento mais pesado da nossa bagagem, quando se acumula nela o estoque das nossas lembranças, das nossas tradições e dos nossos preconceitos. Porque a consciência de si é, como a própria liberdade, uma faca de dois gumes: ela é a libertação reflexiva que põe fim à indivisão vegetativa; mas, na medida em que às vezes é introversão e retroversão, também é perversão e nos desvia da nossa vocação, que é agir e amar: nisso mesmo, ela pode se tornar pérfida e sutilmente falaciosa. A disparidade dos efeitos da consciência está subentendida no relato do Gênesis: o aparecimento da consciência é o princípio do abrir os olhos, isto é, da clarividência, mas essa própria clarividência é o discernimento do Bem e do Mal, *dignoscentia* que conhece o Bem pelo Mal e o Mal pelo Bem, conhecimento relativo ligado ao efeito de relevo, e ela tem por conseqüência a vergonha, a fobia da nudez, a busca da sombra: "E esconderam-se o homem e sua companheira da presença de Deus, entre as árvores do jardim."[2] O conhecimento envergonhado, que busca o claro-escuro do paraíso, não é compatível portanto com uma eternidade bemaventurada. Essa alternativa da felicidade e do conhecimento desdobrado seria, de certo modo, a tara original. Digamos mais: ao mesmo tempo lúcida e geradora de opacidades, a consciência é o que torna a inocência tão precária, tão frágil, tão instável; tudo o que a inocência quer é mudar: um só grão de poeira basta para tornar a pureza impura, para fazer da brancura imaculada um cinzento – um abalo infinitesimal da consciência, um vinco imperceptível na minha simplicidade – e o superlativo da inocência fica longe. Adeus, inocência! A consciência e a vergonha mataram em mim a candura. A serpente não carece de eloqüência para instilar em meu foro interior a gota de veneno da falsa promessa: toda a sua arte de persuadir cabe num ligeiro cochicho... O homem é fraco, crédulo, acessível às tentações! Ora, eis, com sua alternativa insolúvel, a tragédia da contradição – contradição mais aguda ainda que a do mérito e do legítimo orgulho –: a inocência é a condição vital de um amor sem pensamentos ocultos, de uma ação corajosa e espontânea; e a consciência é minha insubstituível superioridade de caniço pensante! Porque podemos chamar de tragédia um caso de consciência em que é a própria consciência a criar o problema! Esse caso de consciência é um dilema desesperador. A *prioridade* da inocência e o

---

2. Gn 3, 8.

a priori da consciência pensante são tão "prevenientes" um quanto o outro; eles tomam o tempo todo um a frente do outro. A consciência é toda reflexão; mas a consciência também é afetação nascente, sempre pronta a se desdobrar, a se mirar e se admirar num espelho, a se dar importância, ocupadíssima em fazer-se de bela; em vez de olhar direto diante de si para o fim que é seu alvo intencional, ela envesga os olhos para a sua própria imagem, espia-se com o rabo dos olhos representando a comédia da sua própria vida. Isso também é consciência! A consciência também é um meio que cria um obstáculo... A consciência pervertida torna-se viciosa a partir do momento em que o obstáculo prevalece sobre o órgão. A consciência existe tão-somente no ato de *tomar consciência*. Ora, como o ser pensante pode se impedir de tomar consciência? Para tal, teria de voltar a ser criança! Teria de não tomar consciência dessa consciência, evitar até o próprio pensamento desse pensamento... Logo, não pensem nisso e, principalmente, psss!, não falem disso. É proibido pensar no pensamento do pensamento! Por pouco que a sobreconsciência de tal consciência te aflore, por mais imponderável que ela seja, o comprazimento e a afetação já tiram a máscara e inscrevem sua careta no teu rosto; a imitação expulsa a inocência. *Não ser pretensioso*, aconselha-nos Alain numa das suas "considerações" mais sutis[3]. Porque a pretensão, a ambição, a reivindicação pesam intensamente indiscretamente sobre a consciência; elas esmagam sua fina ponta sem que se possa dizer a partir de qual momento a insistência se torna suspeita.

A sobreconsciência tem bom ouvido: por isso não permanece ingênua por muito tempo. Ela ouve dizer e

---

3. *Préliminaires à l'esthétique*, consideração 72.

cochichar que todo o mundo tem direitos; e essa verdade filantrópica não entra por um ouvido e sai pelo outro. Além do mais, ela é dotada de memória, o que a torna capaz de correr os olhos pela atualidade instantânea do presente. Por que essa universal nobreza se aplicaria a todos os seres humanos, exceto a ela mesma, exceto a mim mesmo, sujeito reflexivo? Essa nobreza não tem nada de um privilégio e não há, recordemos, razão alguma para me excluir dela: toda excomunhão, nesses assuntos, é arbitrária, discriminatória e escandalosa. Por isso a consciência pensante, ameaçada pela escandalosa denegação de justiça, pelo incompreensível *numerus clausus*, não tarda a se aplicar a si mesma, a reivindicar para si mesma, por extrapolação direta ou simples dedução, esses direitos do homem válidos sem nenhuma exceção para todos os homens. O respeito desse haver elementar é o mínimo que nos é devido.

7. Teus deveres não são o fundamento dos meus direitos

Mas posso também me dar conta da recíproca: se é verdade que tenho direitos como tu, não é menos verdade que, afinal, tu tens deveres como eu. Desse reconhecimento dos teus deveres ao pensamento de meus direitos correlatos só há um passo. E esse passo é dado rapidamente! Porque o ego não perde a cabeça... Interpretar os deveres de outrem como traduzindo em baixo-relevo o que em alto-relevo justificaria meus direitos, anexar a seu haver e a seu crédito os deveres e obrigações dos outros é uma inferência menos direta, sem dúvida, do que a primeira, porém mais engenhosa e igualmente probatória. Especulação, na verdade, um tanto desenvolta e gratuita! Dizíamos: só tenho deveres. Mas como todo o mundo, graças a Deus, e, no mesmo caso, o conjunto desses deveres de outrem me assegura certa latitude de ação, abre ao meu redor uma notável liberdade de movimento e como que uma margem de poder; em outras palavras, a consciência do sujeito, ventilada pelos deveres dos outros para com ela, dispõe de alguns direitos para empreender e de uma pequena margem para acabar a obra empreendida. De uma maneira ou de outra, tenha eu querido ou não, a universalidade dos deveres de outrem para comigo tornará minha vida mais vivível, a ação mais viável, a coexistência mais respirável, o mundo mais habitável; serei um pouco descarregado dos meus encargos; conhecerei um pequeno alívio. De tal sorte que, na verdade, a questão do impossível dever não se colocará mais em seu rigor literal: não haverá mais aporia; um *modus vivendi*, graças a esse mal-entendido, é encontrado de antemão! No entanto teus deveres não eram feitos expressamente para abafar e fortalecer meus direitos; os deveres dos outros não tinham por objetivo, originalmente, assegurar minha comodidade e meu bem-estar. É simplesmente uma ocasião fortuita que me é oferecida e que exploro em meu benefício, uma oportunidade imprevista de que tiro proveito prontamente. Essa oportunidade é a correlação, ou melhor, a simetria especular do teu dever e do meu direito, simetria que possibilita o passe de mágica da interversão: teu dever será meu direito. Essa oportunidade é inesperada e até inencontrável, pois, ainda por cima, a salvaguarda dos meus direitos tornou-se uma obrigação para o parceiro... como se salvaguarda somente não bastasse! como se ela fizesse parte do seu código moral! Na verdade, e *ipso facto*, meu direito decorre do teu dever, e isso sem intervenção expressa da minha parte, sem que eu exija nada, sem sequer que eu pense... Esse favor inesperado que não solicitei nem, de modo algum, procurei, esse direito suplementar que não reivindiquei expressamente são, de certo modo, uma feliz surpresa, e eu os recebo inocentemente como minha oportunidade pessoal, ou antes, como uma graça; eu me vejo, posteriormente, de posse de algumas facilidades inesperadas. Esses deveres de outrem para comigo, ajuda fraterna ou deveres de assistência, eu acolho com uma alma relaxada e um coração incrédulo, quase timidamente, e abrindo mão de qualquer arrogância. Bendita seja a surpresa que bateu uma bela manhã na porta da minha casa, como uma amiga com a qual eu não contava mais!

Tudo para mim é dever. E, por conseguinte, teus direitos são percebidos, vividos por mim como sendo os primeiros dos meus deveres, os mais urgentes e mais imperativos: eles deveriam ser minha preocupação, minha intenção, minha angústia de cada dia, o objeto da minha constante solicitude. Os direitos do outro são, para mim, deveres que tenho de assumir e preservar zelosamente, como se zela um tesouro infinitamente precioso. Mas isso não quer dizer que a recíproca seja verdadeira e que teus deveres sejam automaticamente meus direitos, correspondam obrigatoriamente aos meus próprios direitos... Seria bonito demais, cômodo demais! Seria um conto de fadas, um verdadeiro sonho, uma harmonia providencial; mas, sobretudo, essa simetria seria demasiado exemplar, essa reciprocidade demasiado factícia... E teria, além do mais, um cheiro suspeito de má-fé: se teus direitos desenham em relevo meus deveres, a proposição está longe de ser reversível. Portanto não posso aplicar a mim mesmo nenhum dos dois raciocínios interessados, nenhum dos dois sofismas justificativos tramados em meu favor: nem deduzir meus direitos dos direitos do homem em geral, nem, muito menos, aproveitar a bem-vinda latitude que me deixa a retidão moral de outrem, e me prevalecer galhardamente das facilidades que são, para mim, seu resultado. Ou, pelo menos, não cabe a mim julgar, nem no segundo caso nem no primeiro: isso não passa de artimanhas tramadas para escapar dos meus deveres. Na realidade, os direitos que resultam para mim dos teus deveres são como conseqüências e rejeitos desses mesmos deveres; migalhas esquecidas;... poeira! De qualquer modo, deixo esses direitos inesperados virem a mim por intermédio dos teus deveres; eles são meus como que por acaso, depois de terem feito esse desvio, e eu recolho secundariamente algumas migalhas miseráveis no momento em que menos as esperava. Assim, teus deveres serão talvez meus direitos e eu me beneficiarei deles... *contanto que* não fique indiscretamente à espreita desse efeito de ricochete, *contanto que* não conte muito com ele como uma coisa que me é devida, *contanto que* não insista demasiado conscientemente, demasiado reflexivamente, demasiado expressamente. Contanto que, contanto que... Essa condição, sempre a mesma, é evitar o excesso de consciência que obstaculiza a inocência, que trapaceia com seu segredo. Tal especulação sobre os deveres do outro pode traduzir uma falta grosseira de tato, uma grande vulgaridade moral. Não ignoro que meu parceiro também tem deveres, deveres que, na hora certa, aliviarão meu esforço e me ajudarão a viver. Mas, por ora, é melhor esquecê-lo. Até segunda ordem é preferível eu não contar muito com teus deveres para aliviar minhas tarefas. Primeiro, os encargos de uns e de outros não constituem um só encargo em que o resultado é que contaria, uma só tarefa em vista da qual os tarefeiros solidários poderiam se ajudar mutuamente e conjugar seus esforços, uma obra única que se completaria pedaço por pedaço graças ao esforço de todos... Nesse caso, teu trabalho, efetivamente, me dispensaria do meu, e o suplente poderia tomar o lugar daquele de quem é reserva: porque o que está feito não está mais por fazer... na medida em que se trate de *fazer* alguma coisa! O que é feito por um seria descontado da tarefa do outro, retirado do dever do outro; o que está feito seria *tanto menos a fazer*! Ora, não é assim. Devemos renunciar a todas essas engenhosas comodidades... Adeus, bela economia do esforço e harmoniosa complementaridade das tarefas. A intenção, a responsabilidade, a decisão moral do sacrifício são iniciativas essencialmente solitárias que ninguém pode tomar em meu lugar e de que ninguém pode me dispensar. Cada um deve, aqui, trabalhar e penar por sua própria conta, em vez de se pôr na dependência do vizinho. Um homem pode se dedicar em lugar de outro nesta ou naquela circunstância precisa, mas no instante supremo cada um morre sozinho; e, da mesma maneira, cada um deve penar e sofrer por si mesmo, como se estivesse sozinho no mundo; ninguém pode nada por ele. Mais exatamente ainda: eu luto por teus direitos e não pela tua existência, e estaria até mesmo disposto, se não fosse absurdo e até contraditório, a assumir teus deveres em teu lugar. Há em todo caso uma artimanha grosseira que devemos abortar: eu não tenho de vigiar o exercício dos teus deveres, nem te ditar a lista deles; eu não verifico o proveito que poderia tirar nem as vantagens com que conto: essas precauções desconfiadas não dizem respeito ao homem desinteressado, ao homem de dever e de retidão. Desse ponto de vista, não há comunicação direta, não há osmose entre teus deveres e meus direitos. Não tenho de me atirar como um esfomeado, com uma prontidão de mau gosto, sobre os deveres de fulano e de beltrano: fulano e beltrano cuidarão eles mesmos do que lhes cabe, e isso com toda inocência, como nós mesmos trabalhamos, sofremos e penamos por eles sem nada esperar em troca, nem salário, nem remuneração, nem reconhecimento. É por isso que é preciso se dizer e se redizer incansavelmente: sou o defensor incondicional dos teus direitos, não sou o fiscal dos teus deveres. *A cada um seus deveres*, doravante, não poderia ser a lamentável fórmula do egoísmo, mas justo o contrário: o lema do desinteresse universal e dessa inocência universal na qual os homens se encontram e, fora de qualquer relação mercenária, trocam o beijo da paz.

Quem preservou e justificou seus valores morais, salvaguardou sua honorabilidade e seu *mínimo* ético corre riscos médios. Mas como chamaremos o homem totalmente desprovido que alcança essa beira extrema da dedicação limite cujo nome é abnegação? Nós o chamaremos de um arrisca-tudo: porque sua aventura é uma aventura mortal e seu dilema superagudo o intimaria a optar entre o amor-sem-ser e o ser-sem-amor. Ora, como escolher? Responderão: é preciso escolher um mínimo de ser para sobreviver, porque não há amor se não há amante e porque o ego, sujeito substancial, é a condição *sine qua non* da relação amorosa; alguns glóbulos de amor, por favor, para aliviar a prostração do ser e para atenuar a degenerescência adiposa. Mas, como indicamos a partir de La Rochefoucauld e de Fénelon, o superlativo da pureza amante e do desinteresse é tão frágil, tão instável, que o menor espessamento basta para degradá-lo: um comprazimento imperceptível, uma insistência imponderável, uma lentidão apenas discernível, uma distração suspeita, e a brancura imaculada, dizíamos, torna-se cinzenta. Onde acaba o amor puro, quando se vai no sentido do ser? No próprio ponto em que começa o amor-próprio, isto é, o amor impuro: imediatamente. Como nos microscópios ultra-sensíveis em que a imagem se turva no mesmo instante, à menor pressão da mão, o amor *ainda* puro, isto é, *"inexistente"*, que está além do ser, se turva à menor tangência, por um milésimo de milímetro e por um milionésimo de segundo, por um movimento impalpável e fugidio do nosso humor; uma dose infinitesimal de interesse-próprio, o aflorar de um distante pensamento oculto bastariam para macular e turvar essa pureza. E, no sentido inverso: até onde é preciso ir na rarefação do ser-próprio quando se sonha com uma nova pureza para um amor que se tornou turvo? A partir de que momento o ser rarefeito, quase niilizado, corre o risco de morrer de extenuação? Porque, se o amor-sem-ser é infinitamente instável, o ser-sem-amor é essencialmente vulnerável. Entre esses dois extremos, onde são necessários prodígios de acrobacia para se manter, todas as variedades do amor impuro e todos os graus da mistura estão representados. Entre Cila e Caribde, como navegar? Na lógica extremista e hiperbólica, no absurdo lógico da exigência moral, o que não é puríssimo e, por conseguinte, cem por cento puro, é impuro; e, do mesmo modo, o que não é certo é duvidoso, a partir do momento em que a coisa certa nos esclarece, não com uma certeza absolutamente transparente, mas com uma certeza em parte certa e em parte incerta. Não há meio. Os estóicos diziam: um pecadilho já é um grande pecado. Um pouco, quando se trata de falta, ainda é demais, infinitamente demais! A quantidade não importa. Teoricamente, o paradoxo moral não me deixaria nem sequer o consolo de pensar que sou um ser humano entre outros e como os outros. Porque não sou nem sequer um desses outros, tão válidos quanto os outros, tão digno de respeito quanto os outros e tão capaz quanto eles de representar o gênero humano na minha pessoa: de fato, seria possível que, dados os sofismas diabólicos do amor-próprio, essa modesta concessão fosse ela própria um pretexto para reintegrar de uma só vez todas as prerrogativas da minha preciosa pessoa, para recuperar todos os meus privilégios, deduzir de novo todos os meus direitos, inclusive aqueles a que nunca tive direito! No máximo, a paradoxologia admitiria que meus direitos pudessem ser a conseqüência fortuita e não reivindicada dos deveres de outrem...

8. O precioso movimento da intenção

Dito isso, tais exageros sem dúvida parecerão absurdos. Sou pouca coisa? Logo sou alguma coisa! Sou, pelo menos, um pouco; não sou um menos-que-nada. Menos que nada? Essa humildade seria pura loucura! O pouco que sou, eu sou. Essa modestíssima tautologia vivida, que poderíamos chamar de "tautousia", é essencialmente positiva; ela me preserva pelo menos contra a aniquilação infinita da humildade: entre o nada dessa humildade e o inchaço da jactância, ela salvaguarda esse precioso movimento do coração que é um fino raio de luz, que é esquecimento de si no interior e abertura infinita para outrem, vasta como o céu. Mas não é tampouco objetivamente verdadeiro que tua vida seja em todos os casos mais válida que a minha: é verdade somente que eu faria melhor em não sabê-lo. Se a moral fosse uma simples especulação abstrata, uma obra de alta fantasia, e se a paradoxologia moral visasse não sei que limite utópico e teórico, poder-se-ia a rigor imaginar um puro amor que fosse zero ser e amoroso nada. Ora, o paradoxo moral tem relações com a ação, ou com uma prática, e exige em princípio ser vivido efetivamente: ele é feito para isso! Sem essa plenitude totalmente positiva, ele não passaria de pilhéria, anseio platônico ou simples figura de retórica. O extremismo moral é coisa séria? Ele não é sério e é até um pouco charlatão, se nos promete uma elevação definitiva de todo o ser, uma cronicidade perfeitamente estável, uma promoção e uma transfiguração permanentes; mas é sério se, como a abnegação, renuncia a toda sublimidade profissional e alcança de imediato a espontaneidade e o frescor da inocência. Essa inocência fina e transparente é como a ponta extrema da alma. Tão fina, tão transparente! Basta nada para que ela não seja mais nada! Ou melhor, basta *quase* nada: mas esse *quase* decide tudo.

"Vida paradoxal" ou "paradoxia vivida", o paradoxo da moral é sem dúvida uma contradição, um desafio às condições da vida social e até mesmo às leis da fisiologia e da biologia – e, melhor ainda, um desafio ao senso comum e à razão; é o que sempre pensaram os sábios e os santos, os estóicos e os cínicos, Platão e inclusive Aristóteles, e, por outro lado, os espirituais da *Filocalia* e o autor da *Imitação*. A acrobacia numa forma espetacular e perigosa, o movimento nas formas mais familiares da vida cotidiana, a própria temporalidade renovam a cada instante o milagre de uma queda diferida que é um restabelecimento continuado: a solução é dada ao mesmo tempo que é lançado um desafio às leis do equilíbrio e da gravidade. E o homem, em sua gratidão infinita, dá graças cada manhã a seu destino aventuroso, por ter escapado mais uma vez do perigo da morte. O milagre do movimento de que Bergson nos fala é, à sua maneira, esse obrigado perpétuo que o homem formula em seu coração pelo novo prolongamento que lhe é concedido. A vida paradoxal é suportável ao mesmo tempo que é insuportável, viável ao mesmo tempo que inviável, ao mesmo tempo possível e impossível ou, o que dá na mesma, indefinidamente possível para uma boa vontade desesperada e apaixonada, capaz, ela própria, de querer indefinidamente. De fato, diz-se: querer é poder... Não que querer seja, ao pé da letra, poder o que se quis, em virtude de uma onipotência em ato, como a das fadas e das feiticeiras: é antes "possibilitar" indefinidamente uma impossibilidade para sempre impossível. O querer tende assintoticamente a um limite que não poderá tocar mediante um contato físico, que pode apenas aflorar, numa tangência imponderável e instantânea.

Desconcertante e inconsistente, tão decepcionante quanto evasiva, a existência moral se contradiz a si mesma infinitamente: não só ela é paradoxal, como nem teme parecer às vezes "paralógica"... isto é, irracional. Para amar, é preciso ser. No entanto, quanto mais somos, mais abundamos e superabundamos, gorda e ricamente, na densidade do ser-próprio; mais o amor sufoca; e, de tanto sufocar, morre. Mas, se não *somos*, onde está o amante que será o sujeito do verbo *amar*? Esse amante ainda não nasceu; talvez não pertencerá nunca ao mundo dos vivos... Mais uma vez, onde está o amor? Aquém ou além das mesmas questões que nos assaltam quando se trata da vida moral, do inapreensível, de seus valores tão controvertidos, das suas exigências tantas vezes ultrajadas.

Tudo isso, quem sabe, não passa de mitos e fantasias? Ou será um sonho de que ainda não despertei? Mais de uma vez nós nos perguntamos onde se escondeu nossa vida moral, em que ela consiste e, até, se ela consiste em alguma coisa! Ora, é precisamente nesses instantes em que ela está a ponto de escapar e em que desesperamos de pegá-la que ela é mais autêntica: é preciso então aproveitar a ocasião em sua viva flagrância! Tomara que a consciência não desfigure muito depressa sua fisionomia com caretas, não detenha cedo demais seu impulso... O *impetus* moral se parece com a fada Anima, que pára de cantar quando Animus olha para ela e que recupera a voz – inocente, pura Anima! – quando Animus pára de encará-la; a vida moral, nisso, não é mais pudica do que a alma, nem mais evasiva do que a liberdade, nem mais desconcertante do que o é, segundo o testemunho de santo Agostinho, a temporalidade: se me perguntam *o que é* o tempo (*quid sit*), ou se tento explicar sua natureza, eu me perturbo e balbucio; mas, quando não me fustigam mais com perguntas e considero o tempo com simplicidade, com alma ingênua e relaxada, a ambigüidade e a inquietude cedem lugar à evidência. Para tanto, era preciso ver as coisas suficientemente do alto e de longe, não na bruma do aproximativo, mas na sadia aproximação do bom senso. 1.º A vocação moral do homem é amar e viver para os outros. 2.º Mas, na ordem elementar que chamávamos de *mínimo ôntico*, o amor não poderia ser totalmente amante, nem puramente, nem sempre: o amor pressupõe um ser amante que é, conforme o ponto de vista adotado, ou o sujeito substancial e irracional, a base impura e a condição passiva do amor, de certo modo o excipiente, por oposição ao princípio ativo, ou, inversamente, o resíduo indissolúvel, por assim dizer opaco e maciço, desse mesmo amor. Residual ou substancial, esse elemento irredutível em todo caso nos obstrui o caminho da abnegação limite, graças à qual o ser compacto seria inteiramente sublimado e convertido em amor. Se não houvesse outras complicações, ousaríamos dar o nome de mal a esse impedimento que é o peso fatal do amor, sua tara congênita, seu inevitável coeficiente de inércia: o ser do amante, na medida em que é carne e matéria, é a parte não amante do ser amante. A resistência desse elemento maciço, desse ego cego, não carrega a assinatura da nossa finitude? 3º Mas é preciso levar em conta uma complexidade que quase imediatamente faz valer suas pretensões; o elemento maciço não é o chumbo, ele se chama carne: ele próprio implica uma complexidade que complica duas vezes o ser-amante; essa complicação não é uma contradição extrínseca, mas uma negação imanente. Extrínseca, ela seria dispensável e curável; imanente, a negação é um mal necessário ou, como também dizíamos, um impossível-necessário, tanto mais irritante por ser de fato necessário: o contraditório egoísta penetra profundamente na textura íntima da intenção moral, não apenas porque ele a condiciona, mas porque lhe toma emprestada sua fisionomia, porque a imita a ponto de se enganar; a caridade hipócrita toma emprestada a máscara da verdadeira caridade e, no limite, torna-se indistinguível dela. Falávamos de um híbrido chamado órgão-obstáculo. Mais para órgão ou mais para obstáculo? A rigor, poder-se-ia interpretar dialeticamente o sentido unívoco desse equívoco, o sentido esotérico dessa aparência, se o obstáculo fosse sempre mola propulsora, trampolim ou repulsor, máquina engenhosa que nos permite, graças à distensão ou ao recuo, pular mais alto e com um impulso mais enérgico...

A ferramenta é que incomoda, e o desperdício dos meios, ou simplesmente o tempo perdido; o próprio instrumento é que é o impedimento. E, mais geralmente: para poder, é preciso ser impedido e limitado; essa alternativa é a tara paradoxal da finitude. Quando o luxo e a enormidade ridícula dos meios empregados se tornam um estorvo ou nos ameaçam de sufocamento, podemos reduzi-los ao mínimo e ludibriar assim a contradição; essa relação de um mínimo de meios com um máximo de esperança é o objetivo de uma sábia economia. Ora, o emaranhado às vezes é inextricável. Quando o ser moral é, não propriamente incomodado pelo peso e pelas conseqüências das suas oferendas, mas *a priori* travado pela perversão íntima do movimento intencional, atingido em sua essência e na totalidade da sua existência, não há mais solução, e a tragédia se acompanha de uma ironia muito amarga, porque é então o próprio ser do doador que desmente o dom amoroso: o que, por definição, torna possível o dom desinteressado, torna inevitável a degenerescência egoísta. *Nem com nem sem*. Ora, essa é a fórmula desesperadora do insolúvel dilema que impede para sempre qualquer resposta.

O ser do indivíduo, seja ele físico ou biológico, está para o amor assim como os direitos estão para o dever. Os direitos podem ser considerados como um refinamento ético do ser. Os direitos dão a um estado de fato (não é uma verdadeira dádiva?) a justificação normativa e a consagração que lhe faltavam; eles conferem à naturalidade do ego uma espécie de auréola – a auréola da sublimação idealizante ou, pelo menos, da honorabilidade; estabilizado, zelosamente reivindicado, às vezes até cifrado, reduzido com freqüência ao estado de depósito virtual, o mínimo ético se aparenta ainda mais ao haver que ao ser: ele se torna, assim, algo como o viático moral que nos acompanha e nos protege nas provações da existência. Como mostramos, há nas relações entre o ser e o amor uma derrisão maliciosa devida à finitude constitucional do homem ou, mais precisamente, às relações ambivalentes e contraditórias entre o ser e o amor: é o ser do amante que torna possível o amor, mas um amante feliz demais, saudável demais e bem nutrido demais é a negação do amor; e, inversamente, se tem por veículo unicamente um ser rarefeito, o amor se volatiliza no vazio. O desabrochar vital o favorece, até o momento em que a saciedade sufoca nele aquela sagrada insatisfação, aquela necessidade de outra coisa, aquela inquietude, enfim, que eram o lado aéreo da sua natureza: apesentado por um ser ridiculamente pletórico, o amor emburguesado perde duas asas e se espatifa no solo. E, assim, o amor vai e vem entre o demasiado e o demasiado pouco; retoma necessariamente força cada vez que volta a se embeber nas fontes da vida, reencontra periodicamente uma nova juventude e um sangue novo e, seja lá como for, bem ou mal, aos trancos e barrancos, consegue sobreviver.

Mas, no que concerne ao debate dos direitos e dos deveres, a cilada, se é menos sangrenta, é mais sutil, a malícia mais insidiosa, a alternativa mais ambígua: porque é o próprio homem moral que descobre a verdade normativa dos direitos – dos meus próprios direitos e dos direitos do outro, que sacraliza esses direitos e os faz valer. A paradoxologia moral me força a professar, contrariando toda evidência e minha própria convicção, que não tenho direitos e que todo o mundo tem direitos, menos eu. Essa contradição às minhas custas não é, decerto, um sacrifício sangrento, como é, no limite, a incompossibilidade do amor e do ser, como é, no limite, a impossível necessidade de se aniquilar para amar com um amor puro, mas é, à sua maneira, uma renúncia dilacerante... e tanto mais dilacerante quanto esse desmentido *in adjecto* tem por objeto valores normativos e pode passar por um atentado cínico contra a verdade e contra o princípio de identidade; é o caso de dizer: o sacrifício é, aqui, literalmente sacrilégio! Essa escandalosa desigualdade, essa revoltante injustiça em meu detrimento que a razão se recusa a admitir, porventura o pessimismo moral torna plausível? Somos tentados a considerar esse escândalo como uma aparência que dissimularia não sei que desconcertante finalidade e, talvez, até mesmo uma promessa tácita. Suportaríamos então essa denegação de justiça em nome da promessa? É assim que a especulação racionalista, sempre sábia e previdente, procura nos tranqüilizar: vocês não perdem por esperar, ela nos diz, ri melhor quem ri por último! A esperança de um futuro melhor nos ajudaria a suportar a frustração presente. Nada é mais sábio nem mais razoável! Mas, então, que diferença existe entre o mercenarismo ao sabor dos dias ou imediatista e a sordidez desse cálculo demasiado fácil? Se a renúncia a meu direito-próprio é uma especulação de longo alcance e de longo prazo, nem por isso ela é menos utilitária ou menos interessada. Esse cálculo tortuoso é uma hipocrisia e nada mais. Devo *em princípio* suportar a insuportável iniqüidade de que sou vítima, sem pretender nenhuma compensação, sem reivindicar a menor indenização, sem nem mesmo ter o direito de me queixar. Meu próximo não tem sobre mim todos os direitos?

Cada ser moral deveria enfrentar, em seu foro interior, a dupla prova a que a disparidade dos deveres e dos direitos submete seu egoísmo. Em primeiro lugar, todo o mundo tem deveres, inclusive eu, principalmente eu, já que o dever, exprimindo o inacabamento infinito do ser moral, é antes de mais nada apelo e vocação. Ora, não tenho de zelar pelos deveres dos outros: meus deveres englobam todos os deveres e sou responsável por eles. Por outro lado, como dissemos, todo o mundo tem direitos, menos eu, que incompreensivelmente, inexplicavelmente não tenho: sou portanto, em princípio, desprovido de tudo, e não posso contar com nada, a não ser com as liberdades e os poderes que os deveres do outro, fortuita mas fatalmente (ambas as coisas), me deixarão; está aí, de certo modo, minha chance nessa injusta miséria. Estarei condenado a viver de mendicidade? Receberei, se não o que me é devido – já que nada me é devido –, pelo menos as migalhas do banquete e os rejeitos, isto é, as sobras que me cabem, um pouco de contrabando, a partir dos méritos alheios. Ora, essas migalhas não são um nada, pois me permitem sobreviver na luta extenuante e amarga a que estou condenado. Elas são o alimento aleatório que uma mão compassiva atira para os passarinhos do céu e que, misteriosamente, nunca falta à despreocupação. Mas o punhado de paradoxos que a filosofia moral nos lança em pasto nem sempre é um sistema de verdades. Chegamos aqui à derradeira ambigüidade, aquela que se arraiga no mais impenetrável dos mistérios. Não tenho direito a nada e, não obstante, receberei em definitivo a parte que me cabe, a parte que me cabe sem me ser devida. Receberei contanto que não a reclame, que nem sequer tenha pensado nela; receberei com toda humildade e com toda inocência. Receberei... mas, psss!, não digam a ninguém... Ninguém deve saber. Ai, acabamos de dizer! Já difundimos o segredo, não há como ser de outro modo. Como podemos guardar um segredo, divulgando-o? Divulgá-lo, guardando-o? Ora, podemos sim, se é verdade que a alternativa dos contraditórios impermeáveis um ao outro for, por instantes, superada. O oráculo de Delfos, segundo Heráclito, não diz nem esconde, mas sugere por sinais, com meias palavras ou com palavras encobertas. Ou, mais simplesmente, não fala, mas *dá a entender*, cochicha no ouvido da nossa alma as verdades ocultas.

Orgrafic
Gráfica e Editora
Fone: (11) 6522-6368